उर्दू के मशहूर शायर

ग़ालिब

और उनकी चुनिंदा शायरी

सम्पादक

नरेंद्र गोविंद बहल

डायमंड बुक्स

www.diamondbook.in

प्रकाशक: डायमंड पॉकेट बुक्स (प्रा.) लि.
X-30 ओखला इंडस्ट्रियल एरिया, फेज-II
नई दिल्ली- 110020
फोन : 011-40712200
ई-मेल : sales@dpb.in
वेबसाइट : www.diamondbook.in

Urdu Ke Mashhoor Shayar Ghalib Aur Unki Chuninda Shayari

Ed. By - *Narender Govind Behl*

दो शब्द

"हैं और भी दुनिया में सुख़नवर बहुत अच्छे
कहते हैं कि ग़ालिब का है अन्दाज़-ए बयां और"

उर्दू और फ़ारसी भाषा के मशहूर शायर मिर्ज़ा असद-उल्लाह बेग ख़ां उर्फ "ग़ालिब" किसी परिचय के मोहताज नहीं हैं। ग़ालिब ही उर्दू भाषा में सबसे ज्यादा पढ़े जाने वाले शायर हैं, उन्हें ही फ़ारसी कविता को हिन्दुस्तानी जबान में लोकप्रिय करवाने का श्रेय भी इनको दिया जाता है। हालाँकि इससे पहले मीर तक़ी "मीर" को यह श्रेय जाता है। उस दौरान लिखे ग़ालिब के पत्र जो प्रकाशित नहीं हुए थे उनको भी उर्दू लेखन का जरूरी दस्तावेज़ हैं। ग़ालिब को दबीर-उल-मुल्क और नज़्म-उद-दौला का खिताब से नवाजा गया। मुग़ल काल के आख़िरी शासक बहादुर शाह ज़फ़र के दरबारी कवि ग़ालिब ही थे।

ग़ालिब की पैदाइश 27 दिसम्बर, 1797 को आगरा (उत्तर प्रदेश) में एक सैनिक पृष्ठभूमि वाले परिवार में हुई। उनके वालिद का नाम अब्दुल्लाबेग ख़ां था। 'ग़ालिब' जब पांच साल के थे, तभी उनके वालिद का इंतकाल हो गया, जिसके बाद उनकी परवरिश उनके चाचा नसरुल्लाह बेग ख़ां ने की। लेकिन एक साल बाद छह साल के 'असद' को अपने चाचा के प्यार से भी महरूम होना पड़ा और 'असद' को अपने ननिहाल जाना पड़ा जहां उनका बचपन बड़े ऐशो-आराम से गुज़रा। ग़ालिब की शुरुआती पढ़ाई के बारे में स्पष्टतः कुछ कहाँ नहीं जा सकता लेकिन ग़ालिब के अनुसार उन्होंने 12 साल की उम्र में ही उर्दू एवं फ़ारसी में लिखना शुरू कर दिया था।

13 साल की उम्र में उनका निकाह उमराव बेगम से हुआ जिसके बाद 'ग़ालिब' दिल्ली चले आये और यहीं के ही होकर रह गये। 'ग़ालिब' का ज़्यादातर कलाम फ़ारसी में है क्योंकि उन दिनों उर्दू ज़बान का इस्तेमाल कम होता था। लेकिन 'ग़ालिब' ने उर्दू में भी शायरी की। उनकी शाइरी में भी फ़ारसी शब्दों की भरमार है शायद इसलिये उनकी शायरी आम आदमी की समझ से दूर है, ग़ालिब का नाम उर्दू शायरों की फ़ेहरिस्त में सबसे ऊपर है।

ग़ालिब इश्क को जीते थे। वह इश्क का आखिरी छोर थे। उनकी नज़्में और शे'र ने सालों साल इश्क की तहजीब दुनिया को दी है। अगर हम यूं कहें कि इश्क ग़ालिब से शुरू होता है तो यह कोई आश्चर्यजनक बात नहीं होगी। उनका हर शे'र एक जिंदादिल आशिक की तरह इश्क की रस्मों को निभाता है। 'ग़ालिब' ने हर मोर्चे पर अपने फ़न का मुज़ाहरा करके यह साबित कर दिखाया कि 'ग़ालिब' वाक़ई 'ग़ालिब' हैं। 'ग़ालिब' छोटे से छोटे विषय को भी अपनी क़लम से ऐसी शक्ल दे देते थे कि उसकी अहमियत का दायरा और भी बड़ा लगने लगता था।

उर्दू शायरी में किसी शख्स का नाम सबसे ज्यादा लिया जाता हैं तो वह हैं मिर्ज़ा ग़ालिब। मिर्ज़ा ग़ालिब मुग़ल शासन के दौरान ग़ज़ल गायक, कवि और शायर हुआ करते थे। उर्दू भाषा के फनकार और शायर मिर्ज़ा ग़ालिब का नाम आज भी काफी अदब से लिया जाता हैं। उनके दवारा लिखी गई गज़लें और शायरी आज भी युवाओं और प्रेमी जोड़ों को अपनी और आकर्षित करती हैं। मिर्ज़ा ग़ालिब की शायरी बेहद ही आसान और कुछ पंक्तियों में हुआ करती थी। जिसके कारण यह जन-मन में पहुँच गयी।

शराब की लत के कारण 'ग़ालिब' हमेशा ही तंगदस्त रहे। वज़ीफ़े और पेंशन की राशि से ही उनकी गुज़र-बसर होती रही और 15 फरवरी, 1869 को दिल्ली में उनका इंतकाल हो गया। 'ग़ालिब' की मज़ार हज़रत निजामुद्दीन औलिया की दरगाह के पास ही है, उनके चाहने वाले आज भी वहां जाते हैं।

हज़ारों ख़्वाहिशें ऐसी कि हर ख़्वाहिश पर दम निकले
बहुत निकले मेरे अरमान लेकिन फिर भी कम निकले

- नरेंद्र गोविन्द बहल

narendergovindbehl@gmail.com

प्रकाशकीय

नरेन्द्र गोविन्द बहल उर्दू और हिन्दी कविता में गहन रुचि रखते है जिसके कारण उन्होंने अधिकतर मुशायरों व कवि सम्मेलनों में शिरकत की थी, इन्हीं आयोजनों की वजह से उन्हें साहित्य लेखन का भी शौक पैदा हुआ। लेखक की विभिन्न विषयों पर अब तक 60 से अधिक पुस्तकें प्रकाशित हो चुकी हैं। लालकिले में होने वाले कवि सम्मेलन और मुशायरों से कविता-शायरी के प्रति प्रेम बढ़ा और वहीं से उन्होंने उन्हें कविता लिखना भी प्रारंभ कर दिया था। कविता, गीत, गजल, शायरी को समझने के लिए उर्दू के मशहूर शायरों के जीवन के बारे में जानने के लिए उर्दू भाषा सीखी।

जब लेखक साहिर लुधियानवी, कैफ़ी आज़मी, जान-ए-सार अख्तर, अली सदार जाफरी, मजाज, नरेश कुमार 'शाद' आदि शायरों से मिले तो उनका पाठकीय दृष्टिकोण बदलने लगा और उन्होंने गालिब, फैज़, जफ़र, दाग आदि रचनाकारों को भी पढ़ना शुरू किया। इन शायरों को पढ़ते हुए लेखक के मन में एक उत्साह पैदा हुआ कि इन शायरों की पुस्तकें संपादित की जाएं। यह पुस्तक भी इसी उत्साह का नतीजा है।

डायमंड बुक्स प्रस्तुत करता है उर्दू के मशहूर शायर और उनकी चुनिंदा शायरी। इस सीरीज़ में नये पुराने शायरों की प्रसिद्ध एवं चुनिंदा शायरी का संकलन प्रकाशित किया है। इस सीरीज की प्रमुख पुस्तकें इस प्रकार हैं :-

फ़ैज़	**ग़ालिब**	**निदा फाजली**
क़तील शिफ़ाई	**अख़्तर शीरानी**	**बशीर बद्र**
जोश मलिहाबादी	**ज़ौक़**	**बेकल उत्साही**
शक़ील बदायूंनी	**अकबर इलाहाबादी**	**परवीन शाकिर**
मीर	**नज़ीर अकबराबादी**	**कैफ़ी आज़मी**
मोमिन ख़ां 'मोमिन'	**फ़िराक़ गोरखपुरी**	**जाँ निसार अख़्तर**
साहिर लुधियानवी	**इफ़्तिख़ार आरिफ़**	**अली काज़मी**
मजाज़	**मजरुह सुल्तानपुरी**	**कुँअर बेचैन**
इक़बाल	**अहमद फराज**	**माणिक वर्मा**
ज़फ़र	**दर्द**	**अली सरदार जाफरी**
दाग़	**नरेश कुमार शाद**	**मिर्ज़ा रफ़ी 'सौदा'**
अदा जाफरी	**मुश्ताक अहमद**	**असग़र गोंडवी**
शाहिद मीर	**मंज़ूर हाशमी**	**चमन लाल चमन**
मुज़फ़्फ़र वारसी	**निश्तर ख़ानक़ाही**	**राम अवतार बैरवा**
वसीम बरेलवी	**हरिराज सिंह नूर**	**रामदरश मिश्र**
आलम खुर्शीद	**अमजद इस्लाम अमजद**	**महताब हैदर नक़वी**
शहरयार		

मनीष वर्मा

manish@dpb.in

रूबाइयात

(1)

वाद अज (बाद में) अतमामे-बज़्मे-ईद (ईद की बज़्म का अंत)
अतफाल (बच्चे) अययामे-जवानी रहे सागरकश ल(उदासीनता)
आ पहुंचे हैं तासवादे-अकलीमे अदम (परलोक के समीप)
ऐ उम्रे-गुजिश्ता यक कदम इस्तेंकबाल

(2)

शब जुल्फ- आ- अर्क फिशां (रात को जुल्फों तथा अर्क बरसाने
वाले चेहरे का गम था) का गम था क्या शर्ह करूं कि तुर्फातर
(विचित्र) आलम था रोया मै हजार आंख से सुब्ह तलक
हर कतर-ए-अश्क दीद-ए-पुरनम (अश्रुपूर्ण नेत्र) था

(3)

आतश बाजी है जैसे शग्ले-अत्फाल (बच्चों का खेल) है
सोजे-जिगर का भी इसी तौर का हाल था मूजिदे-इश्क
(प्रेम का आविष्कार) भी कयामत कोई लड़कों के लिये
गया है क्या खेल निकाल

(4)

दिल था कि जो जाने दर्दे-तम्हीद (वह जीवन जिसका आरंभ
दर्द से हुआ हो) सही बेताबि-ए-रश्क-ओ-हसरते-दीद

(ईर्ष्या की व्याकुलता का दर्शनाभिलाषी) सही हम और फशुरदन (मुर्झाना-दुखी होना) ऐ तजल्ली, अफसोस तकरार रवां नहीं, तो तजदीद सही

(5)

है खल्के-हसद कुमाश (द्वेष रखने वाला) लड़ने के लिये
वहशद कदा-ए-तलाश (संसार) लड़ने के लिये
यानी हर बार सूरते-कागज-बार (पतंग)
मिलते हैं ये बदमाश लड़ने के लिये

(6)

दिल सख्त नशन्द (दुखी) हो गया है गोया
उससे गिला मन्द (शिकायत करने वाला) हो गया है गोया
पर यार के आगे बोल सकते ही नहीं
'ग़ालिब' मुंह बन्द हो गया है गोया

(7)

दुख जी के पसन्द हो गया है 'ग़ालिब'
दिल रुक रुक कर मन्द हो गया है 'ग़ालिब'
वल्लाह कि शब को नीन्द आती ही नहीं
सोना सौगन्द हो गया है 'ग़ालिब'

(8)

मुश्किल है जिबस (बस) कलाम मेरा ऐ दिल
सुन सुन के उसे सुखन वराने- कामिल (पूर्ण कवि)

आसान करने की करते हैं फरमाइश गोयम मुश्किल वगर
न गोयम मुश्किल (कहूं तो मुश्किल, न कहूं तो मुश्किल)

(9)

भेजी है मुझको शाहे-जमजाह (जमशेद जैसे पराक्रमी सम्राट) ने ल
है लुत्फ-ओ-इनायत (कृपा), शहनशाह प दाल यह शाह पसन्द
दाल बे हबस-ओ-जिदाल (विवाद तथा युद्ध से रहित)
है दौलत-ओ-दीन-दानिश-ओ- दाद (धन, बुद्धि तथा न्याय) की दाल

(10)

हैं शह में सिफाते-जुलजजाली (दोनों विशेषताएं) वाहम
आसारे-जलाली (पराक्रम का लक्षण)-ओ-जमाली बाहम
है शाद न क्यों साफिलों-आली (ऊंच-नीच) बाहम
है अब के शबे-कद्रो-दिवाली (दो त्यौहार) बाहम

(11)

हक शह ता शाह की बका से खल्क को शाद करे
ता शाह शेव-ए-दानिश-ओ-दाद (बुद्धि क्या न्याय फैलाना) करे
यह दी जो गई है रिश्त-ए-उम्र में गांठ
है सिफ्र कि अफ्जाइशे-आदाद (आंकड़े बढ़ाना) करे

(12)

इस रिश्ते में लाख तार हों बल्कि सिवा
इतने ही बरस शुमार हों बल्कि सिवा

हर सैकड़े को एक गिरह फर्ज करे
ऐसी गिरहें हजार हों बल्कि सिवा

(13)

कहते हैं अब वो मर्दुम आजार (मनुष्य को कष्ट देने वाला) नहीं
उश्शाक (आशिक का बहुवचन) की पुरसिश (पूछना) से उसे
आर (आपत्ति-संकोच) नहीं जो हाथ कि जुल्म से
उठाया होगा क्यों कर मानूं कि उसमें तलवार नहीं

(14)

हम गरचे बने सलाम करने वाले
करते हैं दरंग (देर-ढील) काम करने वाले
कहते हैं, कहो खुदा से अल्लाह अल्लाह
वो आप हैं सुब्हो-शाम करने वाले

(15)

सामाने-खुरो-ख्वाब (खाने और आराम की सामग्री)
कहां से लाऊं आराम के असबाब कहां से लाऊं रोज़ा मेरा
ईमान है 'ग़ालिब', लेकिन ख़स खान-ओ-बर्फाब
(खस की टट्टी और बर्फ का पानी) कहां से लाऊं

(16)

इन सेम के बीजों को कोई क्या जाने
भेजे हैं जो अमुंगा (उपहार) शहे-वाला ने

गिन कर देवेंगे दुआएं सा बार
फीरोजे की तस्वीर के हैं यह दाने

(17)

रुक़्के का जवाब क्यों न भेजा तुमने
साक़िब हरकत यह की बेजा तुमने
हाजी कल्लू को देके बेवजह जवाब
'ग़ालिब' का पका दिया कलेजा तुमने

(18)

ऐ रौशनि-ए-दीदा (आंखों वाले) शहाबुद्दीं खां
कटता है बताओ किस तरह से रमजां होती है तरावीह
(रमजान के महीने में रात को नमाज पढ़ी जाती है) से फुर्सत कब
तक सुनते हो तरावीह में कितना कुरआं (कुरान)

गज़लें

(1)

उस बज़्म में मुझे नहीं बनती हया किये
बैठा रहा, अगरचे इशारे हुआ किये

दिल ही तो है, सियासते-दरबां[1] से डर गया
मैं और जाऊं दर से तेरे बिन सदा किये

रखता फिरूं हूं ख़िरक़ा-ओ-सज्जादा[2] रहने-मै
मुद्दत हुई है दावते-आबो-हवा किये

बेसर्फ़ा[3] ही गुज़रती है, हो गर चे उम्रे-ख़िज्र
हज़रत भी कल कहेंगे कि हम क्या किया किये

मक़्दूर[4] हो, तो ख़ाक से पूछूं कि ऐ लईम[5]
तूने वो गंज-हाय-गिरांमाया[6] क्या किये

किस रोज़ तोहमतें न तराशा किये अदू[7]
किस दिन हमारे सर पे न आरे चला किये

सोहबत में ग़ैर की न पड़ी हो कहीं ये ख़ू[8]
देने लगा है बोसा बग़ैर इल्तिजा[9] किये

---

1. दरबान की धमकी 2. नमाज़ पढ़ने की चटाई और फ़कीर का चोला 3 व्यर्थ 4. सामर्थ्य 5. कंजूस 6. क़ीमते ख़ज़ाने 7. दुश्मन 8. आदत 9. अनुरोध।

(2)

ज़िद की है और बात, मगर ख़ू बुरी नहीं
भूले से उसने सैकड़ों वादे वफ़ा किये

'ग़ालिब' तुम्हीं कहो कि मिलेगा जवाब क्या
माना कि तुम कहा किये और वो सुना किये

एक-एक क़तरा का मुझे देना पड़ा हिसाब
ख़ूने-जिगर वदीअते-मिज़गाने-यार[1] था

अब मैं हूं और मातमे-यक शहरे-आर्ज़ू[2]
तोड़ा जो तूने आईना, तिम्सालदार[3] था

गलियों में मेरी लाश को खींचे फिरो कि मैं
जां दाद-ए-हवा-ए-सरे-रहगुज़ार[4] था

मौजे-सराबे[5] दश्ते-वफ़ा[6] का न पूछ हाल
है ज़र्रामिस्ले-जौहरे-तेग़[7] आबदार[8] था

कम जानते थे हम भी ग़मे-इश्क़ को, पर अब
देखा, तो कम हुए, प ग़मे-रोज़गार था

---

1. प्रिय की पलकों की धरोहर 2. इच्छाओं का नगर 3. चित्रित 4. गली-गली घूमने का अभिलाषी 5. रेत की लहरें, जो दूर से पानी जान पड़ती हैं 6. प्रेम-रूपी मरुस्थल की मरीचिका 7. तलवार की धार के समान 8. चमकीला।

(3)

एक जा हर्फ़े-वफ़ा[1] लिक्खा था, सो भी मिट गया
ज़ाहिरा, काग़ज़ तेरे ख़त का ग़लत-बरदार[2] है

जी जले ज़ौक़े-फ़ना[3] की नातमामी[4] पर न क्यों
हम नहीं जलते, नफ़स हरचन्द आतिशबार[5] है

आग से पानी में बुझते वक्त उठती है सदा
हर कोई वामांदगी[6] में नाला से नाचार है

है वही बदमस्तिए हर ज़र्रे का खुद उज्रख़्वाह[7]
जिसके जल्वे से ज़मीं ता आसमां सरशार है

मुझसे मत कह, तू हमें कहता था अपनी ज़िन्दगी
ज़िन्दगी से भी मेरा जी इन दिनों बेज़ार है

आंख की तस्वीर सरनामे[8] पे खेंची है कि ता
तुझ पे खुल जावे कि इसको हसरते-दीदार है

---

1. वफ़ा का शब्द 2. ऐसा काग़ज़, जिस पर से अक्षर मिट जायें 3. नश्वरता का आनन्द 4. अधूरापन 5. आग से भरा हुआ 6. मुसीबत 7. क्षमा मांगनेवाला 8. लिफ़ाफ़ा।

(4)

कहते हो न देंगे हम, दिल अगर पड़ा पाया
दिल कहां कि गुम कीजै, हमने मुद्दआ पाया

इश्क़ से तबीअत ने ज़ीस्त का मज़ा पाया
दर्द की दवा पायी, दर्द बे-दवा पाया

दोस्त दारे-दुश्मन[1] है, एतिमादे-दिल[2] मालूम
आह बेअसर देखी, नाला[3] नारसा[4] पाया

सादगी व पुरकरी[5] बेख़ुदी व हुशयारी
हुस्न को तगाफुल[6] में जुर्अत-आज़्मा[7] पाया

गुंचा फिर लगा खिलने, आज हमने अपना दिल
ख़ूं किया हुआ देखा, गुम किया हुआ पाया

हाले-दिल नहीं मालूम, लेकिन इस क़दर यानी
हमने बारहा[8] ढूंढा, तुमने बारहा पाया

शोरे पन्दे-नासेह[9] ने ज़ख़्म पर नमक छिड़का
आपसे कोई पूछे, तुमने क्या मज़ा पाया

---

1. विरोधी का मित्र 2. हृदय का विश्वास 3. रुदन 4. नहीं पहुंचने वाला 5. सरलता व चालाकी 6. उपेक्षा 7. हिम्मत को आंकनेवाला 8. बार-बार 9. उपदेशक के उपदेश का शोर।

(5)

ग़मे-दुनिया से गर पायी भी फ़ुर्सत सर उठाने की
फ़लक का देखना तक़रीब तेरे याद आने की

खुलेगा किस तरह मज़्मूं मेरे मक्तूब[1] का यारब
क़सम खायी है उस काफ़िर ने काग़ज़ के जलाने की

लिपटना परनियां में शोल-ए-आतिश[2] का आसां है
वले मुश्किल है हिकमत दिल में सोज़े-ग़म[3] छिपाने की

उन्हें मंज़ूर अपने ज़ख़्मियों का देख आना था
उठे थे सैरे-गुल को देखना शोख़ी बहाने की

हमारी सादगी थी, इल्तिफ़ाते-नाज़[4] पर मरना
तेरा आना न था ज़ालिम, मगर तम्हीद जाने की

लकद कोबे-हवादिस[5] का तहम्मुल[6] कर नहीं सकती
मेरी ताक़त कि ज़ामिन थी बुतों के नाज़ उठाने की

---

1. पत्र 2. अग्नि 3. दुःख की तपन 4. माशूक़ की कृपा 5. हादसों की ठोकरें 6. बर्दाश्त।

(6)

गयी वो बात कि हो गुफ़्तगू, तो क्योंकर हो
कहे से कुछ न हुआ फिर कहो, तो क्योंकर हो

हमारे ज़ेह्न में इस फ़िक्र का है नाम विसाल[1]
कि गर न हो, तो कहां जायें, हो, तो क्योंकर हो

अदब है और यही कशमकश, तो क्या कीजै
हया है और यही गोमगो[2] तो क्योंकर हो

तुम्हीं कहो कि गुज़ारा सनमपरस्तों[3] का
बुतों की हो अगर ऐसी ही ख़ू[4] तो क्योंकर हो

उलझते हो तुम, अगर देखते हो आईना
जो तुमसे शहर में हों एक-दो, तो क्योंकर हो

जिसे नसीब हो रोज़े-सियाह[5] मेरा-सा
वो शख़्स दिन न कहे रात को, तो क्योंकर हो

ग़लत न था हमें ख़त पर गुमां तसल्ली का
न मानें दीदा-ए-दीदारजू[6] तो क्योंकर हो

मुझे जुनूं नहीं 'ग़ालिब' वले बक़ौले-हुज़ूर[7]
फ़िराक़े-यार[8] में तस्कीन हो, तो क्योंकर हो

1. मिलन 2. असमंजस 3. प्रेमी की पूजा करने वाले 4. आदत 5. बुरा दिन 6. दर्शनाभिलाषी नेत्र 7. हुज़ूर के अनुसार (हुज़ूर यहां बादशाह 'ज़फ़र' को कहा गया है) 8. प्रिय से वियोग।

(7)

ग़मे-फ़र्याद रखा शक्ले-निहाली[1] ने मुझे
तब अमां हिज्र में दी बर्दे-लियाली[2] ने मुझे

निसियओ-नक़्दे-दो आलम[3] की हक़ीक़त मालूम
ले लिया मुझसे मेरी हिम्मते-आली[4] ने मुझे

कसरत आराइ-ए-वहदत[5] है परस्तारि-ए-वह्म[6]
कर दिया काफ़िर इन अस्नामे-ख़याली[7] ने मुझे

हवसे-गुल का तसव्वुर में भी खटका न रहा
अजब आराम दिया बे-परो-बाली[8] ने मुझे

---

1. क़ालीन पर अंकित सुन्दर चित्रों ने 2. रातों की शीतलता ने 3. दोनों लोकों का उधार और नक़्द 4. महान् साहस 5. एकत्व की अनेक रूपता 6. भ्रम की पूजा 7. काल्पनिक प्रतिमाएं 8. पंखविहीनता।

(8)

गिला है शौक़ को दिल में भी तंगिए-जा[1] का
गुहर[2]-में मह्व[3] हुआ इज़्तिराब[4] दरिया का

ये जानता हूं कि तू और पासुख़े-मक्तूब[5]
मगर सितमज़दा हूं जौक़े-ख़ामा-फ़रसा[6] का

हिना-ए-पाए-ख़िज़ां[7] है, बहार अगर है यही
दवाम[8] कुल्फ़ते-ख़ातिर[9] है ऐश दुनिया का

ग़मे-फ़िराक़ में तकलीफ़े सैरे-बाग़ न दो
मुझे दिमाग़ नहीं ख़न्द-हाए-बेजा[10] का

हनोज़[11] महरमी-ए-हुस्न[12] को तरसता हूं
करे है हर बुने-मू[13] काम चश्मे-बीना का

दिल उसको पहले ही नाज़ो-अदा से दे बैठे
हमें दिमाग़ कहां हुस्न के तक़ाज़ा का

न कह कि गिरिया[14] बमिक़्दारे-हसरते-दिल है
मेरी निगाह में है जमा-ओ-ख़र्च दरिया का

फ़लक को देख के करता हूं उसको याद 'असद'
जफ़ा में उसकी है अन्दाज़ कारफ़र्मा[15] का

---

1. स्थान का अभाव 2. मोती 3. लीन 4. विकलता 5. पत्रोत्तर 6. पत्र लिखने का शौक़ 7. पतझड़ की मेंहदी 8. सच्चाई 9. हृदय का द्वेष 10. अनुचित मुसकान 11. अभी 12. सौन्दर्य का परिचय 13. रोमकूप 14. रुदन 15. कार्यकर्ता।

(9)

गुंच-ए-नाशगुफ़्ता[1] को, दूर से मत दिखा कि यूं
बोसा को पूछता हूं मैं, मुंह से मुझे बता कि यूं

पुरसिशे-तर्ज़े-दिलबरी[2] कीजिये क्या कि बिन कहे
उसके हर एक इशारे से निकले है, ये अदा कि यूं

रात के वक़्त मै पिये, साथ रक़ीब को लिये
आये वो यां ख़ुदा करे, पर न करे ख़ुदा कि यूं

ग़ैर से रात क्या बनी, ये जो कहा, तो देखिये
सामने आन बैठना और ये देखना कि यूं

बज़्म में उसके रूबरू, क्यों न ख़मोश बैठिये
उसकी तो ख़ामुशी में भी है यही मुद्दआ कि यूं

मैंने कहा कि बज़्मे-नाज़[3] चाहिए ग़ैर से तही[4]
सुन के सितमज़रीफ़ ने, मुझको उठा दिया कि यूं

मुझसे कहा जो यार ने, जाते हैं होश किस तरह
देख के मेरी बेख़ुदी[5] चलने लगी हवा कि यूं

जो ये कहे कि रेख़्ता[6] क्योंकर हो रश्क़े-फ़ारसी[7]
गुफ़्त-ए-'ग़ालिब'[8] एक बार, पढ़ के उसे सुना कि यूं

---

1. अविकसित 2. दिल छीनने का ढंग पूछना 3. माशूक की महफ़िल 4. ख़ाली 5. मस्ती 6. उर्दू 7. फ़ारसी के बराबर 8. ग़ालिब का कलाम।

(10)

ग़ैर लें महफ़िल में बोसे जाम के
हम रहें यूं तश्नालब[1] पैग़ाम के

ख़स्तगी[2] का तुमसे क्या शिकवा कि ये
हतकण्डे हैं चर्ख़े-नीली-फ़ाम[3] के

ख़त लिखेंगे, गर्चे-मतलब कुछ न हो
हम तो आशिक़ हैं तुम्हारे नाम के

रात पी ज़मज़म पे मै और सुब्हे-दम
धोये धब्बे जाम-ए-अहराम[4] के

दिल को आंखों ने फंसाया क्या मगर
ये भी हल्क़ हैं तुम्हारे दाम के

शाह के है ग़ुस्ले-सेहत[5] की ख़बर
देखिये कब दिन फिरें हम्माम के

इश्क़ ने 'ग़ालिब' निकम्मा कर दिया
वरना हम भी आदमी थे काम के

---

1. प्यासे 2. बरबादी 3. नीलगगन 4. हज की पोशाक 5. आरोग्य के लिए किया जाना वाले स्नान।

(11)

घर जब बना लिया तेरे दर पर कहे बग़ैर
जानेगा अब भी तू न मेरा घर कहे बग़ैर

कहते हैं जब रही न मुझे ताकते-सुख़न[1]
जानूं किसी के दिल की मैं क्योंकर कहे बग़ैर

काम उससे आ पड़ा है कि जिसका जहान में
लेवे न कोई नाम, सितमगर कहे बग़ैर

जी में ही कुछ नहीं है हमारे, वगरना हम
सर जाये या रहे, न रहें, पर कहे बग़ैर

छोड़ूंगा मैं न उस बुते-काफ़िर को पूजना
छोड़े न ख़ल्क़[2] गो मुझे काफ़िर कहे बग़ैर

हरचन्द हो मुशाहिदा-ए-हक़[3] की गुफ़्तगू
बनती नहीं है बादा-ओ-साग़र[4] कहे बग़ैर

बहरा हूं मैं, तो चाहिए दूना हो इल्तिफ़ात[5]
सुनता नहीं हूं बात, मुकर्रर[6] कहे बग़ैर

'ग़ालिब' न कर हुज़ूर में तू बार-बार अर्ज़[7]
ज़ाहिर है तेरा हाल सब उन पर, कहे बग़ैर

---

1. बोलने की शक्ति 2. जनता 3. ईश्वर के दर्शन 4. शराब और शराब का पात्र 5. कृपा 6. दोबारा 7. प्रार्थना।

(12)

घर हमारा जो न रोते भी, तो वीरां होता
बह्[1] गर बह् न होता, तो बयाबां होता

तंगि-ए-दिल का गिला क्या, ये वो काफ़िर दिल है
कि अगर तंग न होता, तो परीशां होता

बाद-यक उम्रे-वरा[2] बार, तो देता बारे[3]
काश रिज़्वां ही दरे-यार का दरबां होता

1. समुद्र 2. जीवन-भर के संयम के बाद 3. अवश्य।

(13)

चाहिए अच्छों को जितना चाहिए
ये अगर चाहें तो फिर क्या चाहिए

सोहबते-रिन्दां[1] से वाजिब है हज़र[2]
जाए-मय[3] अपने को खींचा चाहिए

चाक[4] मत कर जैब बे-अय्यामे-गुल[5]
कुछ उधर का भी इशारा चाहिए

दोस्ती का परदा है बेगानगी
मुंह छिपाना हमसे छोड़ा चाहिए

दुश्मनी ने मेरी खोया ग़ैर को
किस क़दर दुश्मन है, देखा चाहिए

मुनहसिर[6] मरने पे हो जिसकी उमीद
नाउमीदी उसकी देखा चाहिए

ग़ाफ़िल[7] इन मह-तलूअतों[8] के वास्ते
चाहने वाला भी अच्छा चाहिए

चाहते हैं ख़ूबरूयों[9] को 'असद'
आपकी सूरत तो देखा चाहिए

---

1. शराबियों की संगति 2. परहेज़ 3. मदिरालय 4. फाड़ना 5. वसन्त के बिना 6. निर्भर 7. लापरवाह 8. चन्द्रमुखी 9. सुन्दरियों।

(14)

ज़ख़्म पर छिड़के कहां तिफ़्लाने-बेपरवा[1] नमक
क्या मज़ा होता, अगर पत्थर में भी होता नमक

गर्दे-राहे-यार है सामाननाज़े-ज़ख़्मे-दिल[2]
वरना होता है जहां में किस क़दर पैदा नमक

मुझको अर्ज़ानी[3] रहे तुमको मुबारक हो जियो
नाल-ए-बुलबुल का दर्द और ख़न्द-ए-गुल का नमक

शोरे-जौलां[4] था किनारे-बह्र पर किसका कि आज
गर्दे-साहिल[5] है बज़ख़्मे-मौज-ए-दरिया[6] नमक

दाद देता है मेरे ज़ख़्मे-जिगर की वाह-वाह
याद करता है मुझे, देखे है वो जिसजा नमक

छोड़कर जाना तने-मजरूहे-आशिक़[7] हैफ़ है
दिल तलब करता है ज़ख़्म और मांगे है एज़ा[8] नमक

ग़ैर की मिन्नत न खेचूंगा, प-ए-तौक़ीरे-दर्द[9]
ज़ख़्म मिस्ले-ख़न्द-ए-क़ातिल है, सर ता पा नमक

याद है 'ग़ालिब' तुझे वो दिन कि वज्दे-ज़ौक़[10] में
ज़ख़्म से गिरता, तो मैं पलकों से चुनता था नमक

---

1. बेपरवा बालक 2. दिल के घाव के गर्व का सामान 3. सस्तापन 4. आगमन की धूमधाम 5. समुद्रतट की रेत 6. समुद्र की तंरगों के घावों के लिए 7. प्रेमी का घायल शरीर 8. अंग-प्रत्यंग 9. दर्द के सम्मान के लिए 10. आनन्द की मस्ती।

(15)

जब तक दहाने-ज़ख़्म[1] ना पैदा करे कोई
मुश्किल कि तुमसे राहे-सुख़न वा करे कोई

आलम ग़ुबारे-वहशते-मजनूं है सर ब सर[2]
कब तक ख़याले-तुर्र-ए-लैला[3] करे कोई

रोने से ऐ नदीम मलामत न कर मुझे
आख़िर कभी तो उक़्द-ए-दिल[4] वा करे कोई

चाके-जिगर से जब रहे-पुरसिश[5] न वा हुई
क्या फ़ायदा कि जैब को रुस्वा करे कोई

हर संगो-ख़िश्त[6] है सदफ़े-गोहरे-शिकस्त[7]
नुक्सां नहीं, जुनूं से जो सौदा करे कोई

सरबर[8] हुई न वाद-ए-सब्र आज़्मा[9] से उम्र
फ़ुर्सत कहां कि तेरी तमन्ना करे कोई

है वहशते-तबीअते-ईजाद[10] यास ख़ेज़
यह दर्द वो नहीं कि पैदा करे कोई

हुस्ने-फ़रोग़े-शमए-सुख़न[11] दूर है 'असद'
पहले दिले-गुदाख़्ता[12] पैदा करे कोई

---

1. घाव का मुंह 2. एक सिरे से दूसरे सिरे तक 3. निन्दा 4. मन की गांठ 5. आदर-सत्कार की राह 6. पत्थर और ईंट 7. शिकस्त के मोती का सीप 8. कर्तव्य-मुक्त 9. धैर्य की परीक्षा लेने वाला प्रण 10. आविष्कार 11. काव्य-रूपी दीपक की आभा 12. पिघला हुआ दिल।

(16)

जहां तेरा नक़्शे-क़दम देखते हैं
ख़ियाबां-ख़ियाबां[1] इरम[2]-देखते हैं

दिल आशुफ़्तगां ख़ाले-कुंजे-दहन[3] के
सुवैदा में सैरे-अदम देखते हैं

तेरे सर्वे-क़ामत[4] से इक क़द्दे-आदम[5]
क़यामत के फ़ित्ने को कम देखते हैं

तमाशा कि ऐ मह्वे-आईनादारी[6]
तुझे किस तमन्ना से हम देखते हैं

सुराग़े-तफ़े-नाला[7] ले दाग़े-दिल से
कि शब-रौ[8] का नक़्शे-क़दम देखते हैं

बनाकर फ़क़ीरों का हम भेस 'ग़ालिब'
तमाशा-ए-अह्ले-करम[9] देखते हैं

---

1. क्यारी-क्यारी 2. स्वर्ग 3. अधर के कोने का तिल 4. सर्व के पेड़ की ऊंचाई 5. मनुष्य जितना 6. आईना देखने में लीन 7. आह की तपिश का पता 8. रात का राही 9. बुद्धिमानों का तमाशा।

(17)

ज़िक्र उस परीवश[1] का और फिर बयां अपना
बन गया रक़ीब आख़िर, था जो राज़दां[2] अपना

मै वो क्यूं बहुत पीते बज़्मे-ग़ैर में यारब
आज ही हुआ मंज़ूर उनको इम्तिहां अपना

मंज़र[3] इक बुलन्दी पर, और हम बना सकते
अर्श[4] से उधर होता, काश कि मकां अपना

दे वो जिस क़दर ज़िल्लत, हम हंसी में टालेंगे
बारे-आश्ना निकला उनका पासबां[5] अपना

दर्दे-दिल लिखूं कब तक, जाऊं उनको दिखला दूं
उंगलियां फ़िगार[6] अपनी, ख़ामा[7] ख़ूचकां[8] अपना

घिसते-घिसते मिट जाता, आपने अबस[9] बदला
नंगे-सिज्दा[10] से मेरे, संगे-आस्तां[11] अपना

हम कहां के दाना[12] थे, किस हुनर में यकता[13] थे
बेसबब हुआ 'ग़ालिब' दुश्मन आसमां अपना

---

1. परी के समान सुन्दर 2. राज़ जानने वाला 3. दृश्य 4. आकाश 5. संरक्षक 6. घायल 7. लेखनी 8. रक्तरज्जित 9. व्यर्थ 10. माथा टेकने के चिह्न 11. दहलीज़ का पत्थर 12. बुद्धिमान् 13. अद्वितीय।

(18)

ज़िक्र मेरा ब-बदी भी उसे मंज़ूर नहीं
ग़ैर की बात बिगड़ जाये, तो कुछ दूर नहीं

बादा-ए-सैरे-गुलिस्तां है ख़ुशा[1] ताला-ए-शौक़[2]
मुज़्द-ए-क़त्ल[3] मुक़द्दर है, जो मज़्कूर[4] नहीं

शाहिदे-हस्ति-ए-मुतलक़[5] की कमर है आलम
लोग कहते हैं कि है, पर हमें मंज़ूर नहीं

क़तरा अपना भी हक़ीक़त में है दर्या, लेकिन
हमको तक़्लीदे-तुनुक-ज़र्फ़िए-मंसूर[6] नहीं

हसरते-ज़ौक़े-ख़राबी की वो ताक़त न रही
इश्क़े-पुर अर्बदा[7] की गौ[8] तने-रंजूर[9] नहीं

मैं जो कहता हूं कि हम लेंगे क़यामत में तुम्हें
किस रऊनत[10] से वो कहते हैं कि हम हूर नहीं

ज़ुल्म कर ज़ुल्म, अगर लुफ़्त-दरेग़[11] आता हो
तू तग़ाफुल में किसी रंग से माज़ूर[12] नहीं

हूं ज़ुहूरी[13] के मुक़ाबिल में ख़िफ़ाई 'ग़ालिब'
मेरे दावे पे ये हुज्जत है कि मशहूर नहीं

---

1. प्रसन्नता की बात 2. शौक़ का भाग्य 3. क़त्ल की ख़ुशख़बरी 4. उल्लेख 5. ईश्वर पूर्ण अस्तित्व वाला 6. मंसूर के ओछेपन का अनुसरण 7. झगड़ालू प्रेम 8. योग्य 9. रोगी शरीर 10. घमण्ड 11. अच्छा लगना 12. विवश 13. फ़ारसी के एक प्रसिद्ध कवि।

(19)

जिस बज़्म में तू नाज़ से गुफ़्तार में आवे
जां काल्बुदे-सूरते-दीवार[1] में आवे

साये की तरह साथ फिरें सर्वो-सनोवर[2]
तू इस कदे-दिलकश से जो गुलज़ार में आवे

तब नाज़े-गिरां मायगि-ए-अश्क[3] बजा है
जब लख़्ते-जिगर दीद-ए-ख़ूंबार[4] में आवे

दे मुझको शिकायत की इजाज़त कि सितमगर
दे मुझको मज़ा भी मेरे आज़ार में आवे

उस चश्मे-फ़ुसूंगर[5] का अगर पाये इशारा
तूती की तरह आईना गुफ़्तार में आवे

1. दीवार का आकार 2. सरो और सनोवर के वृक्ष 3. आंसुओं का अपनी बहुमूल्यता पर गर्व 4. रक्त बरसाने वाली आंखें 5. जादू-भरी आंखें।

(20)

ज़ुल्मतक़दे[1] में मेरे शबे-ग़म का जोश है
इक शम्अ है दलीले-सहर, सो ख़मोश है

ना मुज़्दए-विसाल[2] ना नज़्ज़ारा-ए-जमाल
मुद्दत हुई कि आश्ती-ए-चश्मो-गोश[3] है

मै ने किया है हुस्ने-ख़ुद आरा को बेहिजाब
ऐ शौक़ यां इजाज़ते-तस्लीमे-होश है

दीदार बादा हौसला साक़ी निगाहे-मस्त
बज्में-ख़याल मैकदा-ए-बे-ख़रोश[4] है

ऐ ताज़ा वारिदाने-बिसाते-हवा-ए-दिल
ज़िन्हार[5] अगर तुम्हें हवस-ए-नाए व नोश[6] है

देखो मुझे जो दीदा-ए-इबरत निगाह हो
मेरी सुनो जो गोशे-नसीहत-नियोश[7] है

या शब को देखते थे कि हर गोशा-ए-बिसात
दामाने-बाग़बानो-कफ़े-गुलफ़रोश है

आते हैं ग़ैब से ये मज़ामीं ख़याल में
'ग़ालिब' सरीरे-ख़ामा[8] नवा-ए-सरोश[9] है

---

1. अंधियारा घर 2. मिलन की शुभ सूचना 3. कान व आंख की मित्रता 4. मधुशाला का सूनापन 5. सचेत 6. पीने की इच्छा 7. सदुपदेश सुनने वाले कान 8. क़लम की आवाज़ 9. जिब्रील नामक फ़रिश्ते की आवाज़।

(21)

जौर[1] से बाज़[2] आये, पर बाज़ आयें क्या
कहते हैं, हम तुझको मुंह दिखलायें क्या

रात-दिन गर्दिश[3] में हैं सात आसमां
हो रहेगा कुछ-न-कुछ, घबरायें क्या

लाग[4] हो, तो उसको हम समझें लगाव
जब न हो कुछ भी, तो धोका खायें क्या

हो लिये क्यों नामाबर[5] के साथ-साथ
यारब अपने ख़त को हम पहुंचायें क्या

मौजे-ख़ूं[6] सर से गुज़र ही क्यों न जाये
आस्ताने-यार[7] से उठ जायें क्या

उम्र-भर देखा किये मरने की राह
मर गये, पर देखिये दिखलायें क्या

पूछते हैं वो कि 'ग़ालिब' कौन है
कोई बतलाओ कि हम बतलायें क्या

---

1. अत्याचार 2. रुकना 3. घूमना 4. दुश्मनी 5. सन्देशवाहक 6. रक्त की तरंग 7. प्रिय का दर।

(22)

तस्कीं को हम न रोयें जो ज़ौक़े-नज़र[1] मिले
हूराने-ख़ुल्द[2] में तेरी सूरत मगर मिले

अपनी गली में मुझको न कर दफ़्न बादे-क़त्ल
मेरे पते से ख़ल्क़ को क्यों तेरा घर मिले

साक़ीगरी की शर्म करो आज, वरना हम
हर शब पिया ही करते हैं मै, जिस क़दर मिले

तुझसे तो कुछ कलाम नहीं, लेकिन ऐ नदीम[3]
मेरा सलाम कहियो, अगर नामाबर मिले

तुमको भी हम दिखायें कि मजनूं ने क्या किया
फ़ुर्सत कशाकशे-ग़मे-पिनहां[4] से गर मिले

लाज़िम नहीं कि ख़िज्र की हम पैरवी करें
जाना कि इक बुज़ुर्ग हमें हमसफ़र मिले

ऐ साकिनाने-कूच-ए-दिलदार[5] देखना
तुमको कहीं जो 'ग़ालिबे' आशुफ़्तासर[6] मिले

---

1. दृष्टि की अभिरुचि पूर्ण करने वाली माशूका की सूरत 2. स्वर्ग की अप्सराएं 3. साथी 4. आन्तरिक दुःखों की खींचतान 5. प्रिय की गली में बसने वाले 6. सरफिरा ग़ालिब।

(23)

तुम जानो, तुमको ग़ैर से जो रस्मो-राह[1] हो
मुझको भी पूछते रहो, तो क्या गुनाह हो

बचते नहीं मुवाख़िज़ा[2]-ए-रोज़े-हश्र[3] से
क़ातिल अगर रक़ीब है, तो तुम गवाह हो

क्या वो भी बेगुनह-कुश-ओ-हक-नाशनास[4] है
माना कि तुम बशर[5] नहीं, ख़ुरशीदो-माह[6] हो

उभरा हुआ नक़ाब में है उनके एक तार
मरता हूं मैं कि ये न किसी की निगाह हो

जब मैकदा छुटा, तो फिर अब क्या जगह की क़ैद
मसजिद हो, मदरसा हो, कोई ख़ानक़ाह[7] हो

सुनते हैं जो बहिश्त[8] की तारीफ़, सब दुरुस्त
लेकिन ख़ुदा करे, वो तेरा जलवागाह[9] हो

'ग़ालिब' भी गर न हो, तो कुछ ऐसा ज़रर[10] नहीं
दुनिया हो यारब और मेरा बादशाह हो

---

1. मेल-मिलाप 2. पकड़-धकड़ 3. प्रलय के दिन 4. घातक व सत्य से अनभिज्ञ 5. दुनिया के लोग 6. सूरज-चांद 7. आश्रम 8. स्वर्ग 9. दर्शन-स्थल 10. हानि।

(24)

तू दोस्त किसी का भी सितमगर न हुआ था
औरों पे है वो ज़ुल्म कि मुझ पर न हुआ था

छोड़ा महे-नख़्शब[1] की तरह दस्ते-क़ज़ा[2] ने
ख़ुरशीद[3] हनोज़[4] उसके बराबर न हुआ था

तौफ़ीक़[5] बअन्दाज़-ए-हिम्मत[6] है अज़ल[7] से
आंखों में हो वो क़तरा कि गोहर[8] न हुआ था

जब तक कि न देखा था क़दे-यार[9] का आलम
मैं मोतक़िदे[10] फ़ित्न-ए-महशर[11] न हुआ था

मैं सादा-दिल आज़ुर्दगी-ए-यार[12] से ख़ुश हूं
यानी सबक़-ए-शौक़[13] मुकर्रर न हुआ था

दरिया-ए-मआसी[14] तंग-आबी[15] से हुआ ख़ुश्क
मेरा सरे-दामन भी अभी तर न हुआ था

जारी थी 'असद' दाग़े-जिगर से मेरे तह्सील[16]
आतिशकदा जागीरे-समन्दर न हुआ था

---

1. कृत्रिम चांद 2. मौत के हाथ 3. सूर्य 4. अभी 5. सामर्थ्य 6. साहस के अनुरूप 7. सृष्टि 8. मोती 9. प्रिय की ऊंचाई 10. मानने वाला 11. प्रलय 12. प्रिय की उदासी 13. प्रेम का पाठ 14. पाप की नदी 15. पानी की कमी 16. प्राप्त करना।

(25)

तेरे तौसन[1] को सबा बांधते हैं
हम भी मज़्मूं[2] की हवा बांधते हैं

आह का किसने असर देखा है
हम भी इक अपनी हवा बांधते हैं

तेरी फ़ुर्सत[3] के मुक़ाबिल ऐ उम्र
बर्क़ को पा-ब-हिना[4] बांधते हैं

क़ैदे-हस्ती[5] से रिहाई मालूम
अश्क को बे-सरो-पा[6] बांधते हैं

नश्शए-रंग[7] से है वाशुदे-गुल[8]
मस्त कब बन्दे-क़बा[9] बांधते हैं

ग़लती-हाए-मज़ामीं[10] मत पूछ
लोग नाले को रसा[11] बांधते हैं

अहले-तद्बीर की वामांदगियां[12]
आबलों पर भी हिना बांधते हैं

सादा-पुरकार[13] है ख़ूबां[14] 'ग़ालिब'
हमसे पैमाने-वफ़ा[15] बांधते हैं

---

1. घोड़ा 2. विषय 3. तीव्र गति 4. मेंहदी लगे पांव 5. जीवन की क़ैद 6. निराधार 7. रंग की पैदाइश 8. फूलों का खिलना 9. अंगरखे की डोरियां 10. विषय की त्रुटियां 11. पहुंचने तक 12. थकान 13. भोले व चतुर 14. प्रियवर 15. प्रेम-निर्वाह का प्रण।

(26)

दर्द मिन्नत-कशे-दवा[1] न हुआ
मैं न अच्छा हुआ, बुरा न हुआ

जमा करते हो क्यों रक़ीबों[2] को
इक तमाशा हुआ, गिला न हुआ

हम कहां क़िस्मत आज़माने जायें
तू ही जब ख़ंजर-आज़मा[3] न हुआ

कितने शीरीं[4] हैं तेरे लब कि रक़ीब
गालियां खा के बेमज़ा न हुआ

है ख़बर गरम उनके आने की
आज ही घर में बोरिया[5] न हुआ

क्या वो नमरूद[6] की ख़ुदाई थी
बन्दगी में मेरा भला न हुआ

जान दी, दी हुई उसी की थी
हक़[7] तो यूं है कि हक़ अदा न हुआ

ज़ख़्म गर दब गया, लहू न थमा
काम गर रुक गया, रवा[8] न हुआ

कुछ तो पढ़िये कि लोग कहते हैं
आज 'ग़ालिब' ग़ज़लसरा[9] न हुआ

---

1. औषधि का अभारी 2. विरोधी 3. ख़ंजर चलाने वाला 4. मीठे 5. बिस्तर आदि 6. एक क्रूर बादशाह 7. सच 8. आरम्भ होना 9. ग़ज़ल कहने वाला।

(27)

दर्द से मेरे है तुझको बेक़रारी हाय-हाय
क्या हुई ज़ालिम तेरी गफ़लत-शिआरी[1] हाय-हाय

तेरे दिल में गर न था आशोबे-ग़म[2] का हौसला
तूने फिर क्यों की थी मेरी ग़मगुसारी[3] हाय-हाय

उम्र-भर का तूने पैमाने-वफ़ा[4] बांधा, तो क्या
उम्र को भी तो नहीं है पायदारी[5] हाय-हाय

ज़हूर लगती है मुझे आबो-हवा-ए-ज़िन्दगी[6]
यानी तुझसे थी उसे नासाज़गारी[7] हाय-हाय

गुल-फ़िशानी-हाए-नाज़े-जलवा[8] को क्या हो गया
ख़ाक पर होती है तेरी लालाकारी[9] हाय-हाय

शर्मे-रुस्वाई[10] से जा छुपना नक़ाबे-ख़ाक[11] में
ख़त्म है उल्फ़त की तुझ पर पर्दादारी हाय-हाय

ख़ाक में नामूसे-पैमाने-मुहब्बत[12] मिल गयी
उठ गयी दुनिया से राहो-रस्मे-यारी[13] हाय-हाय

इश्क़ ने पकड़ा न था 'ग़ालिब' अभी वहशत का रंग
रह गया था दिल में जो कुछ ज़ौक़े-ख्वारी[14] हाय-हाय

---

1. उदासीन व्यवहार 2. दुःख सहना 3. दुःख बांटना 4. प्रेम का पात्र 5. स्थायित्व 6. जीवन के उतार-चढ़ाव 7. अनुकूलता 8. गर्वित रूप की अठखेलियां 9. फूल-पत्तों का श्रंगार 10. बदनामी की लज्जा 11. धूलरूपी परदा 12. प्रेम-प्रण की प्रतिष्ठा 13. मित्र से मेल-जोल 14. रसानुभूति।

(28)

दह्र में नक़्शे-वफ़ा वज्हे-तसल्ली न हुआ
है ये वो लफ़्ज़ कि शर्मिन्दा-ए-मानी[1] न हुआ

सब्ज़-ए-ख़त[2] से तेरा काकुले-सरकश[3] न दबा
यह ज़मर्रुद[4] भी हरीफ़े-दम-अफ़ई[5] न हुआ

मैंने चाहा था कि अन्दोहे-वफ़ा[6] से छुटूं
वो सितमगर मेरे मरने पे भी राज़ी न हुआ

दिल गुज़रगाह[7] ख़याले-मय-ओ-साग़र ही नहीं
गर नफ़स जाद-ए-सरमंज़िले तक़्वी[8] न हुआ

हूं तेरे वादा न करने में भी राज़ी कि कभी
गोश[9] मिन्नतकशे[10] गुलबांगे-तसल्ली[11] न हुआ

किससे महरूमिए-क़िस्मत की शिकायत कीजै
हमने चाहा था कि मर जायें, सो वो भी न हुआ

मर गया सदमा-ए-यक जुम्बिशे-लब[12] से 'ग़ालिब'
नातवानी[13] से हरीफ़े-दमे-ईसा[14] न हुआ

---

1. सार्थक 2. चेहरे के बाल 3. चंचल केशराशि 4. एक पत्थर का नाम 5. सांप-जैसा विरोधी 6. प्रणय-दुःख 7. रास्ता 8. परलोक 9. काल 10. कृतज्ञ 11. सांत्वना की मधुर ध्वनि 12. होठों के कम्पन का आघात 13. दुर्बलता 14. ईसा का प्रतिद्वन्द्वी।

(29)

दाइम[1] पड़ा हुआ तेरे दर पर नहीं हूं मैं
ख़ाक ऐसी ज़िन्दगी पे कि पत्थर नहीं हूं मैं

क्यों गर्दिशे-मुदाम[2] से घबरा न जाये दिल
इंसान हूं, प्याला-ओ-साग़र नहीं हूं मैं

यारब! ज़माना मुझको मिटाता है किसलिए
लोहे-जहां[3] पे हर्फ़-मुकर्रर[4] नहीं हूं मैं

हद चाहिए सज़ा में उक़ूबत[5] के वास्ते
आख़िर गुनाहगार हूं, काफ़िर नहीं हूं मैं

किस वास्ते अज़ीज़ नहीं जानते मुझे
लालो-ज़मुरूदो-ज़रो-गौहर[6] नहीं हूं मैं

रखते हो तुम क़दम मेरी आंखों से क्यूं दरीग़
रुतबे में मेहरो-माह से कमतर नहीं हूं मैं

करते हो मुझको मन-ए-क़दम-बोस[7] किसलिए
क्या आसमान के भी बराबर नहीं हूं मैं

'ग़ालिब' वज़ीफ़ाख़्वार[8] हो, दो शाह को दुआ
वो दिन गये कि कहते थे नौकर नहीं हूं मैं

---

1. हमेशा 2. हमेशा की चिन्ता 3. सांसारिक तख़्ती 4. पुनः लिखा हुआ अक्षर 5. कष्ट 6. लाल-पन्ना-सोना-मोती 7. चरण स्पर्श से मना करना 8. वृत्तिका पाने वाला।

(30)

दिया है दिल अगर उसको, बशर[1] है, क्या कहिये
हुआ रक़ीब[2], तो हो, नामाबर[3] है, क्या कहिये

ये ज़िद कि आज ना आये वे, और आये बिन न रहे
क़ज़ा[4] से शिकवा हमें किस क़दर है, क्या कहिये

ज़हे-करिश्मा[5] कि यूं दे रखा है हमको फ़रेब
कि बिन कहे ही उन्हें सब ख़बर है, क्या कहिये

समझ के करते हैं बाज़ार में वो पुरसिशे हाल[6]
कि ये कहे कि सरे रहगुज़र है, क्या कहिये

हसद, सज़ाए-कमाले-सुख़न[7] है, क्या कीजै?
सितम बहाए मताए-हुनर[8] है, क्या कहिये?

कहा है किसने कि ग़ालिब बुरा नहीं, लेकिन
सिवा इसके कि आशुफ़्तासर[9] है, क्या कहिये

---

1. मनुष्य 2. प्रतिस्पर्धी 3. सन्देश-वाहक 4. मृत्यु 5. वाह रे चमत्कार 6. हाल पूछना 7. काव्य-कला की पूर्णता का दण्ड 8. कलारूपी सम्पत्ति का मूल्य 9. दीवाना।

(31)

दिल मेरा सोज़े-निहां[1] से बेमुहाबा[2] जल गया
आतिशे-ख़ामोश की मानिन्द गोया जल गया

दिल में ज़ौके-वस्ल-ओ-यार तक बाक़ी नहीं
आग इस घर को लगी ऐसी कि जो था जल गया

मैं अदम से भी परे हूं, वरना ग़ाफ़िल[3] बारहा
मेरी आहे-आतिशीं से बाले-अन्क़ा[4] जल गया

अर्ज़ कीजै, जौहरे-अन्देशा[5] की गरमी कहां
कुछ ख़याल आया था वहशत का कि सहरा जल गया

दिल नहीं तुझको दिखाता, वरना दाग़ों की बहार
इस चराग़ां का करूं क्या कार फ़र्मा[6] जल गया

मैं हूं और अफ़्सुर्दगी[7] की आर्ज़ू 'ग़ालिब'! कि दिल
देखकर तर्ज़े-तपाके[8] अह्ले-दुनिया[9] जल गया

---

1. आन्तरिक जलन 2. एक़दम 3. लापरवाह 4. एक प्रकार के पक्षी का पंख 5. चिन्तन का तत्त्व 6. कार्यकर्ता 7. उदास 8. व्यावहारिकता 9. दुनिया वाले।

(32)

दिल से तेरी निगाह जिगर तक उतर गयी
दोनों को इक अदा में रज़ामन्द कर गयी

शक़[1] हो गया है सीना खोशा-लज़्ज़ते-फ़िराग़[2]
तकलीफ़-पर्दादारि-ए-ज़ख़्मे-जिगर गयी

वो बादा-ए-शबाना[3] की सरमस्तियां कहां
उठिये बस अब कि लज़्ज़ते-ख़्वाबे-सहर गयी

उड़ता फिरे है ख़ाक मेरी कूए-यार में
बारे-अब-ऐ हवा हवस-ए-बालो-पर गयी

देखो तो दिल फ़रेबि-ए-अन्दाज़े-नक़्शे-पा
मौजे ख़िरामे-यार भी क्या गुल कतर गयी

हर बुलहवस[4] ने हुस्न-परस्ती-शिआर[5] की
अब आबरू-ए-शेवा-ए-अह्ले-नज़र[6] गयी

नज़्ज़ारे ने भी काम किया वां नक़ाब का
मस्ती से हर निगह तेरे रुख़ पर बिखर गयी

फ़र्दा-व-दी[7] का तफ़र्क़ा[8] यक बार मिट गया
कल तुम गये कि हम पे क़यामत गुज़र गयी

मारा ज़माने ने 'असदउल्लाह ख़ां' तुम्हें
वो क्लवले कहां, वो जवानी किधर गयी

---

1. फटना 2. वियोग का आनन्द 3. रात की शराब 4. व्यसनी 5. सौन्दर्य की पूजा को आदत बनाना 6. सौन्दर्य-पारखियों का मान करना 7. बीता हुआ व आने वाला कल 8. भेद।

(33)

दिल ही तो है, न संगो-ख़िश्त[1] दर्द से भर न आये क्यों
रोयेंगे हम हज़ार बार, कोई हमें सताये क्यों

दैर[2] नहीं, हरम[3] नहीं, दर नहीं, आस्तां नहीं
बैठे हैं रहगुज़र पे हम, कोई हमें उठाये क्यों

जब वो जमाले-दिल-फ़रोज़[4], सूरते-मेह्रे नीम-रोज़[5]
आप ही हो नज़ारा-सोज़, पर्दे में मुंह छिपाये क्यों

दश्ना-ए-ग़म्ज़ा[6] जांसितां[7], नावके-नाज़[8] बेपनाह
तेरा ही अक़्से-रुख़ सही, सामने तेरे आये क्यों

क़ैदे-हयात-ओ-बन्दे-ग़म[9] अस्ल में दोनों एक हैं
मौत से पहले आदमी, ग़म से निज़ात पाये क्यों

हुस्न और उस पे हुस्ने-ज़न[10] रह गयी बुलहवस की शर्म
अपने पे एतमाद है, ग़ैर को आज़माये क्यों

वां वो गुरूरे-इज्ज़ो-नाज़,[11] यां ये हिजाबे-पासेरबजा[12]
राह में हम मिलें कहां, बज़्म में वो बुलाये क्यों

हां, वो नहीं ख़ुदापरस्त[13] जाओ वो बेवफ़ा सही
जिसको हों दीन-ओ-दिल अज़ीज़, उसकी गली में जाये क्यों

'ग़ालिबे'-ख़स्ता के बग़ैर कौन से काम बन्द हैं
रोइये ज़ार-ज़ार क्या, कीजिये हाय-हाय क्यों

---

1. पत्थर और ईंट 2. मन्दिर 3. काबा 4. मनोहारी रूप-सौन्दर्य 5. दोपहर के सूर्य-जैसा 6. भ्रू-विलास की क़तार 7. जानलेवा 8. नख़रों के तीर 9. जीवन का बन्धन और व्यक्ति के दुःख 10. विचार की सुन्दरता 11. मान व रूप का गर्व 12. स्वाभिमान 13. आस्तिक।

(34)

दिले-नादां तुझे हुआ क्या है
आख़िर इस दर्द की दवा क्या है

हम हैं मुश्ताक़[1] और वो बेज़ार
या इलाही! ये माजरा[2] क्या है

मैं भी मुंह में ज़ुबान रखता हूं
काश पूछो कि मुद्दआ[3] क्या है

जबकि तुझ बिन नहीं कोई मौजूद
फिर ये हंगामा-ए-ख़ुदा[4] क्या है

सब्ज़-ओ-गुल[5] कहां से आये हैं
अब्र[6] क्या चीज़ है, हवा क्या है

हमको उनसे वफ़ा की है उम्मीद
जो नहीं जानते वफ़ा क्या है

हां, भला कर, तेरा भला होगा
और दरवेश[7] की सदा क्या है

---

1. उत्सुक 2. तमाशा 3. आशय 4. सांसारिक चहल-पहल 5. हरियाली और फूल 6. बादल 7. सूफ़ी।

(35)

जान तुम पर निसार करता हूं
मैं नहीं जानता, दुआ क्या है

मैंने माना कि कुछ नहीं 'ग़ालिब'
मुफ्त हाथ आये, तो बुरा क्या है

दीवानगी से दोश[1] पर ज़ुन्नार[2] भी नहीं
यानी हमारी जैब में इक तार भी नहीं

दिल को नियाज़-हसरते-दीदार[3] कर चुके
देखा, तो हममें ताक़ते-दीदार भी नहीं

मिलना तेरा अगर नहीं आसां, तो सहल है
दुश्वार तो यही है कि दुश्वार भी नहीं

बे-इश्क़ उम्र कट नहीं सकती है और यां
ताक़त-बक़द्रे-लज़्ज़ते-आज़ार[4] भी नहीं

डर नाला-हाय-ज़ार[5] से मेरे ख़ुदा को मान
आख़िर नवा-ए-मुर्ग़े-गिरिफ़्तार[6] भी नहीं

दिल में है यार की सफ़े-मिज़गां[7] से रूकशी
हालांकि ताक़ते-ख़लिशे-ख़ार[8] भी नहीं

इस सादगी पे कौन न मर जाये ऐ ख़ुदा
लड़ते हैं और हाथ में तलवार भी नहीं

देखो 'असद' को ख़ल्वतो-जल्वत[9] में बारहा
दीवाना गर नहीं है, तो हुशयार भी नहीं

---

1. कन्धा 2. जनेऊ 3. दर्शन की अभिलाषा 4. रोग का आनन्द लेने की शक्ति 5. दुःख व्यथा 6. पिंजरे में बन्द पक्षी का स्वर 7. पलकें 8. कांटों की चुभन सहने की शक्ति 9. एकान्त और भीड़।

(36)

दरख़ुरे-क़हरो-ग़ज़ब[1] जब कोई हम-सा न हुआ
फिर ग़लत क्या है कि हम सा कोई पैदा न हुआ

बन्दगी में भी वो आज़ादा व ख़ुदबी[2] हैं कि हम
उलटे फिर आये दरे-काबा अगर वा[3] न हुआ

सबको मक़्बूल[4] है दावा तेरी यकताई[5] का
रूबरू कोई बुते-आईना सीमा[6] न हुआ

कम नहीं नाज़िशे-हमनामि-ए-चश्मे-ख़ूबां[7]
तेरा बीमार, बुरा क्या है, गर अच्छा न हुआ

सीने का दाग़ है वो नाला[8] कि लब तक न गया
ख़ाक का रिज़्क[9] है, वो क़तरा जो दर्या न हुआ

नाम का मेरे है जो दुःख कि किसी को न मिला
काम में मेरे है जो फ़ित्ना कि बरपा न हुआ

हर बुने-मू[10] से दमे-ज़िक्र, न टपके ख़ूनाब[11]
हम्ज़ा[12] का क़िस्सा हुआ, इश्क़ का चर्चा न हुआ

क़तरा में दज्ला दिखाई न दे और जुज़्च[13] में कुल[14]
खेल लड़कों का हुआ, दीदा-ए-बीना[15] न हुआ

थी ख़बर गर्म कि 'ग़ालिब' के उड़ेंगे पुर्ज़े
देखने हम भी गये थे, प तमाशा न हुआ

---

1. क्रोध व अत्याचार के योग्य 2. स्वच्छन्द व अभिमानी 3. खुला हुआ 4. स्वीकार 5. श्रेष्ठता 6. दर्पण-जैसा चमकने वाला माशूक़ 7. सुन्दर नेत्रों के समान होने का गर्व 8. रुदन 9. ख़ुराक़ 10. बाल की खाल 11. शुद्ध रक्त 12. दास्तान अमीर हम्ज़ा 13. अंश 14. पूर्ण 15. देखने वाली आँखें।

(37)

देखना क़िस्मत कि आप अपने पे रश्क आ जाये है
मैं उसे देखूं, भला कब मुझसे देखा जाये है

हाथ धो दिल से, यही गरमी गर-अन्देशे[1] में है
आबगीना[2] तुन्दी-ए-सहबा[3] से पिघला जाये है

ग़ैर को यारब वो क्योंकर मनए-गुस्ताख़ी[4] करे
गर हया भी उसको आती है, तो शरमा जाये है

शौक़ को ये लत कि हरदम नाला खींचे जाइये
दिल की वो हालत कि दम लेने से घबरा जाये है

गर्चे है तर्ज़े -तग़ाफुल[5] पर्दादारे-राज़े-इश्क़[6]
पर हम ऐसे खोये जाते हैं कि वो पा जाये है

उसकी बज़्म-आराइयां सुनकर दिले-रंजूर[7] यां
मिस्ले-नक़्शे-मुद्दआ-ए-ग़ैर[8] बैठा जाये है

हो के आशिक़ वो परी रुख़[9] और नाज़ुक बन गया
रंग खिलता जाये है, जितना कि उड़ता जाये है

नक़्श[10] को उसके, मुसव्विर[11] पर भी क्या-क्या नाज़ हैं
खींचता है जिस क़दर, उतना ही खिंचता जाये है

साया मेरा मुझसे मिस्ले-दूद[12] भागे है 'असद'
पास मुझ आतिश बज़ां[13] के किससे ठहरा जाये है

---

1. चिन्तन 2. शीशे का पात्र 3. शराब की तेजी 4. धृष्टता से इनकार 5. उपेक्षा का ढंग 6. प्रेम के भेद को छिपाने वाला 7. दुखी मन 8. विपक्षी के प्रणय की छापजैसा 9. परी-जैसा सुन्दर 10. चित्र 11. चित्रकार 12. धुएं के समान 13. जिसके प्राण तप रहे हों।

(38)

दोस्त ग़मख़्वारी[1] में मेरी सई[2] फ़रमावेंगे क्या
ज़ख्म के भरते तलक नाख़ुन वें बढ़ जायेंगे क्या

बेनियाज़ी[3] हद से गुज़री बन्दापरवर कब तलक
हम कहेंगे हाले-दिल और आप फ़रमावेंगे क्या

हज़रते-नासेह[4] गर आयें दीद-ओ-दिल फ़र्श-राह[5]
कोई मुझको यह तो समझा दो कि समझावेंगे क्या

आज वां तेग़ो-कफ़न[6] बांधे हुए जाता हूं मैं
उज्र मेरे क़त्ल करने में वो अब लावेंगे क्या

गर किया नासेह ने हमको क़ैद, अच्छा यूं सही
ये जुनूने-इश्क़ के अन्दाज़ छुट जावेंगे क्या

ख़ानाज़ादे-ज़ुल्फ़[7] हैं, जंजीर से भागेंगे क्यों
हैं गिरिफ़्तारे-वफ़ा, ज़िन्दां[8] से घबरावेंगे क्या

हे अब इस मामूरा[9] में क़ह्ते-ग़मे उल्फ़त[10] 'असद'
हमने यह माना कि दिल्ली में रहें, खावेंगे क्या

---

1. दुःख बाँटने 2. कोशिश 3. उपेक्षा 4. उपदेशक महोदय 5. रास्ते की ज़मीन 6. तलवार और कफ़न 7. ज़ुल्फ़ों का क़ैदी 8. कारागार 9. नगर 10. प्रणय के दुःख का अकाल।

(39)

धमकी में मर गया, जो न बाबे-नबर्द[1] था
इश्क़े-नबर्द-पेशा[2] तलबगारे-मर्द[3] था

था ज़िन्दगी में मर्ग[4] का खटका लगा हुआ
उड़ने से पेशतर[5] भी मेरा रंग ज़र्द[6] था

तालीफ़[7] नुस्ख़ा-हाए-वफ़ा[8] कर रहा था मैं
मजमुअ-ए-ख़याल[9] अभी फ़र्‌द-फ़र्द[10] था

दिल ता जिगर कि साहिले-दरिया-ए-ख़ूं है अब
इस रहगुज़र में जल्वा-ए-गुल आगे गर्द था

जाती है कोई कशमकश अन्दोहे-इश्क़[11] की
दिल भी अगर गया, तो वही दिल का दर्द था

अह्बाब चारा-साज़ि-ए-वहशत[12] न कर सके
ज़िन्दां में भी ख़याल बयाबां-नवर्द[13] था

ये लाश बेकफ़न 'असद'-ए-ख़स्ता-जां की है
हक़ मग्फ़िरत[14] करे, अजब आज़ाद मर्द था

---

1. युद्धाभ्यासी 2. झगड़ालू 3. पुरुषत्व का इच्छुक 4. मृत्यु 5. पहले 6. भगवा 7. सम्पादन 8. वफ़ा के सूत्र 9. विचारों का समूह 10. बिखरा हुआ 11. प्रणय की वेदना 12. पागलपन का इलाज 13. जंगल में घूमना 14. क्षमा करना।

(40)

धोता हूं जब मैं पीने को उस सीमतन[1] के पांव
रखता है ज़िद से खींच के बाहर लगन[2] के पांव

दी सादगी से जान, पडूं कोहकन[3] के पांव
हैहात[4] क्यों न टूट गये पीरज़न[5] के पांव

भागे थे हम बहुत, सो उसी की सज़ा है यह
होकर असीर दाबते हैं राहज़न के पांव

मरहम की जुस्तजू में फिरा हूं जो दूर-दूर
तन से सिवा फ़िगार[6] हैं, इस ख़स्ता-तन के पांव

अल्लाह रे! ज़ौक़े-दश्त-नवर्दी[7] कि बादे-मर्ग[8]
हिलते हैं ख़ुद-बख़ुद मेरे, अन्दर कफ़न के पांव

है जोशे-गुल बहार में यां तक कि हर तरफ़
उड़ते हुए उलझते हैं मुर्ग़े-चमन[9] के पांव

शब को किसी के ख़्वाब में आया न हो कहीं
दुखते हैं आज उस बुते-नाज़ुक-बदन के पांव

'ग़ालिब' मेरे कलाम में क्योंकर मज़ा न हो
पीता हूं धो के ख़ुसरवे-शीरीं-सुख़न[10] के पांव

---

1. चांदी के-से तन वाली 2. जलपात्र 3. पहाड़ काटने वाला फ़रहाद 4. अफ़सोस 5. शीरी की मौत की झूठी ख़बर देने वाली वृद्धा जो फरहाद की मौत का कारण बनी 6. ज़ख्मी 7. वन-वन घूमने का शौक़ 8. मृत्यु के बाद 9. बाग़ का पंछी 10. मधुरभाषी अमीर ख़ुसरो।

(41)

न था कुछ, तो ख़ुदा था, कुछ न होता, तो ख़ुदा होता
डुबोया मुझको होने ने, न होता मैं, तो क्या होता

हुआ जो ग़म से यूं बेहिस,[1] तो ग़म क्या सर के कटने का
न होता गर जुदा तन से, तो ज़ानू[2] पर धरा होता

हुई मुद्दत कि 'ग़ालिब' मर गया, पर याद आता है
वो हर इक बात पर कहना कि यूं होता, तो क्या होता

1. संवेदनहीन 2. घुटना।

(42)

नक़्श, फ़रियादी है, किसकी शोख़ि-ए-तहरीर का
काग़ज़ी है पैरहन[1] हर पैकरे-तस्वीर[2] का

कावे-कावे सख़्तजानी, हाय तनहाई[3] न पूछ
सुबह करना शाम का, लाना है जू-ए-शीर[4] का

जज़्ब-ए-बे-इख़्तियारे-शौक़ देखा चाहिए
सीन-ए-शमशीर[5] से बाहर है दम शमशीर का

आगही[6] दामे-शनीदन[7] जिस क़दर चाहे बिछाए
मुद्दआ अन्क़ा[8] है अपने आलमे-तक़रीर का

बस, कि हूं 'ग़ालिब' असीरी[9] में भी आतश ज़ेरे-पा[10]
मू-ए-आतश[11] दीदा है, हल्क़ा मेरी ज़ंजीर का

---

1. वस्त्र 2. चित्र का फ़्रेम 3. विरह-वेदना 4. दूध की नदी 5. मियान 6. समझ 7. श्रवण-जाल 8. न होना 9. बन्दी 10. तलवों की अग्नि 11. आग का बाल।

(43)

न गुले-नग़्मा हूं, न पर्द-ए-साज़
मैं हूं अपनी शिकस्त की आवाज़

तू और आराइशे-ख़मे-काकुल[1]
मैं और अन्देशा-हाए-दूर-दराज़[2]

लाफ़े-तमकीं[3] फ़रेबे-सादा दिली[4]
हम हैं और राज़ हाए सीना गुदाज़[5]

हूं गिरिफ़्तारे उल्फ़ते-सैयाद[6]
वरना बाक़ी है ताक़ते-परवाज़

वो भी दिन हो कि उस सितमगर से
नाज़ खेंचूं बजाय हसरते-नाज़

नहीं दिल में मेरे वो क़तर-ए-ख़ूं
जिससे मिज़्गां हुई न हो गुलबाज़[7]

मुझसे पूछा तो कुछ ग़ज़ब न हुआ
मैं ग़रीब और तू ग़रीबनवाज़

'असदउल्लाह ख़ां' तमाम हुआ
ऐ दरोग़ा[8] वो रिन्दे-शाहिद-बाज़[9]

---

1. बालों का श्रृंगार 2. दूर-दूर की शंकाएं 3. सहनशीलता का दावा 4. सरल ह्रदयता का धोखा 5. दिल फूंकने वाले भेद 6. शिकारी के प्रेम 7. फूलों से खेलने वाला 8. हाय अफ़सोस 9. शराबी तथा मनमौजी रूप पर आसक्त।

(44)

नहीं कि मुझको क़यामत का एतिक़ाद[1] नहीं
शबे-फ़िराक़ से रोज़े-जज़ा[2] ज़ियाद नहीं

कोई कहे कि शबे-मह में क्या बुराई है
बला से आज अगर दिन को अब्रो-बाद[3] नहीं

जो जाऊं सामने उनके, तो मरहबा[4] न कहें
जो जाऊं वां से कहीं को, तो ख़ैरबाद[5] नहीं

कभी जो याद भी आता हूं मैं, तो कहते हैं
कि आज बज़्म में कुछ फ़ित्ना-ओ-फ़साद नहीं

अलावा ईद के मिलती है और दिन भी शराब
गदा-ए-कूच-ए-मैख़ाना[6] नामुराद[7] नहीं

जहां में हो ग़मो-शादी बहम[8] हमें क्या काम
दिया है हमको ख़ुदा ने वो दिल कि शाद नहीं

तुम उनके वादे का ज़िक्र उनसे क्यों करो 'ग़ालिब'
ये क्या कि तुम कहो और वो कहें कि याद नहीं

---

1. विश्वास 2. प्रलय का दिन 3. घटाएं और हवाएं 4. शुभागमन 5. अलविदा 6. मधुशाला की गली का भिखारी 7. जिसकी कोई इच्छा न हो 8. प्रायः।

(45)

नहीं है ज़ख़्म कोई बख़िया के दरख़ुर मेरे तन में
हुआ है तारे-अश्के-यास[1] रिश्ता[2] चश्मे-सोज़न[3] में

हुई है मानए-जौक़े-तमाशा ख़ाना-वीरानी
कफ़े-सैलाब[4] बाक़ी है, बरंगे-पम्बा[5] रौज़न में

वदीअत[6] ख़ान-ए-बेदादे-काविश-हाय-मिज़गां हूं
नगीने-नामे-शाहिद[7] है मेरे हर क़तरा ख़ूं तन में

बयां किससे हो ज़ुल्मत-गुस्तरी[8] मेरे शबिस्तां की
शबे-मह हो, जो रख दें पम्बा दीवारों के रौज़न में

निकोहिश[9] मान-ए-बेरब्तिए-शोरे-जुनूं[10] आयी
हुआ हैं ख़नूद-ए-एहबाब[11] बख़िया जैबो-दामन में

हुए उस मेहरवश[12] के जलवए-तिमसाल[13] के आगे
पर-अफ़शां[14] जौहर आईने में मिस्ले-ज़र्रा रौज़न में

न जानूं नेक हूं या बद हूं, पर सोहबत मुख़ालिफ़ है
जो गुल हूं तो हूं गिलख़न[15] में, जो ख़स हूं तो हूं गुलशन में

हज़ारों दिल दिये जोशे-जुनूने में इश्क़ ने मुझको
सियह होकर सुवैदा[16] हो गया, हर क़तरा-ख़ूं तन में

'असद' ज़िन्दानिए-तासीरे-उल्फ़त-हाए-ख़ूबां[17] हूं
ख़मे-दस्ते-नवाज़िश[18] हो गया है तौक़ गर्दन में

---

1. निराशा में बहते आंसुओं का तार 2. धागा 3. चुभती आँख 4. बाढ़ का झाग 5. रुई के फाहे की तरह 6. अमानत 7. प्रिय का नाम अंकित हुआ नग 8. अन्धकार 9. निन्दा 10. उन्माद का अंकुश 11. मित्रों का मुस्कुराना 12. सूर्यमुखी 13. प्रतिबिम्ब 14. फड़फड़ाना 15. घास का खेत 16. दिल का दाग़ 17. प्रिय के प्यार में क़ैद 18. गलबहियां।

(46)

न हुई गर मेरे मरने से तसल्ली, न सही
इम्तिहां और भी बाक़ी हों, तो यह भी न सही

ख़ार-ख़ारे अलमे-हसरते-दीदार[1] तो है
शौक़ गुलचीने-गुलिस्ताने[2] तसल्ली न सही

मैपरस्तां[3] ख़ुमे-मै[4] मुंह से लगाये ही बने
एक दिन गर न हुआ बज़्म में साक़ी, न सही

नफ़से-क़ैस[5] कि है चश्मो-चराग़े-सहरा[6]
गर नहीं शम्नए-सियह ख़ान-ए-लैली[7] न सही

एक हंगामे पे मौक़ेफ़[8] है घर की रौनक
नौह-ए-ग़म[9] ही सही, नग़्मा-ए-शादी न सही

ना सताइश[10] की तमन्ना, ना सिले की परवा
गर नहीं हैं मेरे अशआर में मानी, न सही

इशरते-सोहबते-ख़ूबां[11] ही ग़नीमत समझो
ना हुई 'ग़ालिब' अगर उम्र-तबीई[12] न सही

---

1. दर्शन की इच्छा 2. उपवन के माली का दिलासा 3. मदिराप्रिय 4. मदिरापात्र 5. फ़रहाद की हर सांस 6. रेगिस्तान के नेत्र व दीपक 7. अन्धकूप का दीपक 8. स्थापित 9. व्यथा-कथा 10. प्रशंसा 11. सुन्दरियों की संगति का आनन्द 12. नैसर्गिक आयु।

(47)

नुक़्ताचीं[1] है ग़मे-दिल उसको सुनाये न बने
क्या बने बात, जहां बात बनाये न बने

मैं बुलाता तो हूं उसको, मगर ऐ जज़्ब-ए-दिल[2]
उस पे बन जाये कुछ ऐसी कि बिन आये न बने

खेल समझा है, कहीं छोड़ न दे, भूल न जाये
काश यों भी हो कि बिन मेरे सताये न बने

ग़ैर फिरता है लिये यूं तेरे ख़त को कि अगर
कोई पूछे कि ये क्या है? तो छुपाये न बने

इस नज़ाकत का बुरा हो, वो भले हैं तो क्या
हाथ आवें, तो उन्हें हाथ लगाये न बने

कह सके कौन कि यह जलवागरी किसकी है
पर्दा छोड़ा है वो उसने कि उठाये न बने

मौत की राह न देखूं कि बिन आये न रहे
तुमको चाहूं? कि न आओ, तो बुलाये न बने

बोझ वो सिर से गिरा है कि उठाये न उठे
काम वो आन पड़ा है कि बनाये न बने

इश्क़ पर ज़ोर नहीं, है ये वो आतश[3] 'ग़ालिब'
जो लगाये न लगे, और बुझाये न बने

---

1. हर बात में दोष निकालने वाला माशूक़ 2. मनोभाव 3. अग्नि।

(48)

फ़रियाद की कोई लै[1] नहीं है
नाला पाबन्द-ए-नै[2] नहीं है

क्यों बोते हैं बाग़बान तूंबी
गर बाग़ गदाए-मै[3] नहीं है

हरचन्द हर एक शै में तू है
पर तुझ-सी कोई शै नहीं है

हां, खाइयो मत फ़रेबे-हस्ती[4]
हरचन्द कहें कि "है", नहीं है

शादी से गुज़र कि ग़म न होवे
उरदी[5] जो न हो, तो दै[6] नहीं है

क्यों रद्दे-क़दा[7] करे है ज़ाहिद
मै है ये मगस की क़ै[8] नहीं है

हस्ती है, न कुछ अदम है 'ग़ालिब'
आख़िर तू क्या है ए, "नहीं है"

---

1. स्वर लहरी 2. बांसुरी का पाबन्द 3. मदिरा का भिखारी 4. जो अस्तित्वहीन हो 5. पारसी महीने का नाम 6. पारसी महीने का नाम 7. प्याला तोड़ना 8. मक्खियों की उलटी।

(49)

फिर इस अन्दाज़ से बहार आई
कि हुए मेह्-ओ-मह[1] तमाशाई[2]

देखो ऐ साकिनाने-ख़ित्त-ए-ख़ाक[3]
इसको कहते हैं आलम-आराई[4]

कि ज़मी हो गयी है सर-ता-सर[5]
रू कशे-सतहे[6] - चर्ख़े-मीनाई[7]

सब्ज़[8] को जब कहीं जगह न मिली
बन गया रू-ए-आब पर काई

सब्ज़ा-ओ-गुल के देखने के लिए
चश्मे-नरगिस को दी है बीनाई[9]

है हवा में शराब की तासीर
बादानोशी है बादापैमाई

क्यों न दुनिया को हो ख़ुशी 'ग़ालिब'
शाहे-दीं दार ने शिफ़ा[10] पाई

---

1. सूरज-चांद 2. तमाशा देखने वाला 3. धरती पर रहनेवाले 4. संसार को संवारना 5. सर्वथा 6. सितारों से भरा हुआ 7. शराब के प्याले का घेरा 8. घास या हरियाली 9. रौशनी 10. आरोग्य।

(50)

फिर कुछ इक दिल को बेक़रारी है
सीना जोया-ए-ज़ख़्मे-कारी[1] है

फिर जिगर खोदने लगा नाख़ून
आमदे-फ़स्ले लालाकारी है

क़िब्ल-ए-मक़्सदे-निगाहे-ए-नियाज़[2]
फिर वही पर्दा-ए-अमारी[3] है

चश्म दल्लाले-जिंसे-रुस्वाई[4]
दिल ख़रीदारे-ज़ौके-ख़्वारी[5] है

वू ही सदरंग[6] नाला-फ़र्साई[7]
वू ही सदगूना अश्कबारी[8] है

जलवा फिर अर्ज़े-नाज़ करता है
रोज़े-बाज़ारे-जां सिपारी[9] है

फिर हुए हैं गवाहे-इश्क़-तलब
अश्कबारी का हुक्म जारी है

दिलो-मिज़गां का जो मुक़द्दमा था
आज फिर उसकी रूबकारी[10] है

बेख़ुदी बेसबब नहीं 'ग़ालिब'
कुछ तो है, जिसकी पर्दादारी है

---

1. गहरा घाव ढूंढ़ने वाला 2. परिचय का परम लक्ष्य 3. बहुत बड़ा परदा 4. बदनामी की सामग्री 5. अपमान का ख़रीदार 6. सौ रंग 7. रोना 8. सौ गुना रुदन 9. जान न्योछावर करना 10. आमना-सामना।

(51)

फिर मुझे 'दीद-ए-तर'[1] याद आया
दिल-जिगर तश्न-ए-फ़रियाद[2] आया

दम लिया था न क़यामत ने हनोज़[3]
फिर तेरा वक्ते-सफ़र याद आया

सादगी हाए-तमन्ना यानी
फिर वो नैरंगे-नज़र[4] याद आया

उज्रे-वामन्दगी[5] ऐ हसरते-दिल
नाला करता था, जिगर याद आया

ज़िन्दगी यूँ भी गुज़र ही जाती
क्यों तेरा राहगुज़र याद आया

आह, वो जुर्अते-फ़रियाद[6] कहां
दिल से तंग आ के जिगर याद आया

फिर तेरे कूचे को जाता है ख़याल
दिले-गुमगुश्ता[7] मगर याद आया

कोई वीरानी-सी वीरानी है
दश्त[8] को देख के घर याद आया

मैंने मजनूं पे लड़कपन में 'असद'
संग[9] उठाया था कि सर याद आया

---

1. भीगी आँखें 2. आर्तनाद का प्यासा 3. अभी 4. दृष्टि सौन्दर्य 5. थकान का बहाना 6. प्रार्थनीय 7. खोया हुआ हृदय 8. जंगल 9. पत्थर।

(52)

बला से हैं जो ये पेशे-नज़र[1] दरो-दीवार
निगाहे-शौक़ को हैं बालओ पर[2] दरो-दीवार

वफ़ूरे-अश्क[3] ने काशाने[4] का किया ये रंग
कि हो गये मेरे दीवारो-दर दरो-दीवार

नहीं है साया कि सुनकर नवेदे-मक़दमे-यार[5]
गये हैं चन्द क़दम पेश्तर दरो-दीवार

हुई है किस क़दर अर्ज़ानिए-मए जलवा[6]
कि मस्त है तेरे कूचे में हर दरो-दीवार

जो है तुझे सरे-सौदा-ए-इन्तिज़ार[7] तो आ
कि हैं दुकाने-मता-ए-नज़र[8] दरो-दीवार

हुजूमे-गिरिया[9] का सामान कब किया मैंने
कि गिर पड़े न मेरे पांव पर दरो-दीवार

वो आ रहा मेरे हमसाये[10] में, तो साये से
हुए फ़िदा दरो-दीवार पर दरो-दीवार

नज़र में खटके है, बिन तेरे, घर की आबादी
हमेशा रोते हैं हम देखकर दरो-दीवार

न कह किसी से कि 'ग़ालिब' नहीं ज़माने में
हरीफ़े-राज़े-मुहब्बत[11] मगर दरो-दीवार

---

1. नज़र के सामने 2. बाल और पर 3. आंसुओं की अधिकता 4. घर 5. मित्र के आने का सुख़द समाचार 6. दर्शन-रूपी शराब की अधिकता 7. प्रतिज्ञा करने की क्षमता 8. दृष्टि-रूपी धन की दुकान 9. आंसुओं की बाढ़ 10. पड़ोस 11. प्रेम के राज़ का दुश्मन।

(53)

बस, कि दुश्वार है हर काम का आसां होना
आदमी को भी मयस्सर नहीं इन्सां होना

गिरिया[1] चाहे है ख़राबी मेरे काशाने[2] की
दरो-दीवार से टपके है बियाबां होना

वाए दीवानगी-ए-शौक़[3] कि हरदम मुझको
आप जाना उधर और आप ही हैरां होना

जल्वा-अज़-बस[4] कि तक़ाज़ा-ए-निगह[5] करता है
जौहरे-आईना[6] भी चाहे है मिज़गां[7] होना

इशरते-क़त्ल-गहे[8] अह्ले-तमन्ना मत पूछ
ईद-नज़्ज़ारा[9] है शमशीर का उरियां[10] होना

ले गये ख़ाक में हम दाग़े-तमन्ना-ए-निशात[11]
तू हो और आप बसद-रंगे[12] गुलिस्तां होना

इशरते-पारा-ए-दिल[13] ज़ख़्मे-तमन्ना खाना
लज्जते-रेशे-जिगर[14] गर्क़े-नमकदां[15] होना

की मेरे क़त्ल के बाद उसने जफ़ा से तौबा
हाय! उस ज़ूद-पशेमां[16] का पशेमां[17] होना

हैफ़![18] उस चार गिरह कपड़े की क़िस्मत 'ग़ालिब'

---

1. रोना 2. घर 3. पागलपन की इच्छा 4. बहुत 5. देखने की इच्छा 6. दर्पण की चमक 7. पलकें 8. मौत के घर का ऐश्वर्य 9. ईद का दृश्य 10. नंगा 11. हंसने-खेलने की हसरत 12. सैकड़ों रंग 13. हृदय के टुकड़ों का आनन्द 14. जिगर के घाव का आनन्द 15. नमकदान में डूबना 16. शीघ्र लज्जित होने वाला 17. लज्जित 18. खेद।

(54)

बहुत सही ग़मे-गेती[1] शराब कम क्या है
गुलामे-साक़ि-ए-कौसर[2] हूं मुझको ग़म क्या है

तुम्हारी तर्ज़ो-रविश[3] जानते हैं हम, क्या है
रक़ीब पर है अगर लुत्फ़, तो सितम क्या है

कटे तो शब कहीं, काटे तो सांप कहलावे
कोई बताओ कि वो ज़ुल्फ़े-ख़म ब ख़म[4] क्या है

लिखा करे कोई अह्कामे-ताल-ए-मौलूद
किसे ख़बर है कि वां जुम्बिशे-क़लम क्या है

न हश्रो-नश्र का क़ायल, न केशो-मिल्लत[5] का
ख़ुदा के वास्ते ऐसे की फिर क़सम क्या है

वो दादो-दीदे-गिरांमाया[6] शर्त है, हमदम
वगरना मुहे-सुलेमानो-जामे-जम क्या है

सुख़न में खाम-ए-'ग़ालिब' की आतिश-अफ़्शानी
यक़ीं है हमको भी, लेकिन अब उसमें दम क्या है

---

1. दुनिया के ग़म 2. कौसर के साक़ी का गुलाम 3. रीति-व्यवहार 4. घुंघराले केश 5. रीति व सम्प्रदाय 6. बहुमूल्य दृश्य की प्रशंसा।

(55)

बाज़ी च-ए-अत्फ़ाल[1] है दुनिया मेरे आगे
होता है शबो-रोज़ तमाशा मेरे आगे

इक खेल है औरंगे-सुलेमां[2] मेरे नज़्दीक़
इक बात है एजाज़े-मसीहा[3] मेरे आगे

होता है निहां गर्द में सहरा मेरे आगे
घिसता है जबीं[4] ख़ाक पे दरिया मेरे आगे

मत पूछ कि क्या हाल है मेरा तेरे पीछे
तू देख कि क्या रंग है तेरा मेरे आगे

सच कहते हो ख़ुदबीनो-ख़ुद आरा[5] न क्यों हूं
बैठा है बुते-आइना-सीमा मेरे आगे

फिर देखिये अन्दाज़े-गुल-अफ़्शानि-ए-गुफ़्तार
रख दे कोई पैमान-ओ-सहबा मेरे आगे

ईमां मुझे रोके है, तो खींचे है मुझे कुन्फ
काबा मेरे पीछे है, कलीसा मेरे आगे

आशिक़ हूं, प माशूक़ फ़रेबी[6] है मेरा काम
मजनूं को बुरा कहती है लैला मेरे आगे

ख़ुश होते हैं, पर वस्ल में यूं मर नहीं जाते
आयी शबे-हिजरां[7] की तमी मेरे आगे

---

1. बच्चों का खेल 2. सुलेमान नामक बादशाह का तख़्त 3. मरणासन्न व्यक्ति को जीवन देने ईशा मसीह का चमत्कार 4. माथा 5. अपनी नज़र और विचार रखने वाला 6. प्रिय को रिझाना 7. विरह की रात।

(56)

बेएतदालियों[1] से सुबुक[2] सब में हम हुए
जितने ज़ियादा हो गये, उतने ही कम हुए

पिनहां था दामे-इश्क़ क़रीब आशियान के
उड़ने न पाये थे कि गिरिफ़्तार हम हुए

हस्ती हमारी अपनी फ़ना पर दलील है
यां तक मिटे कि आप हम अपनी क़सम हुए

सख़्ती कशाने-इश्क़[3] की पूछे है क्या ख़बर
वो लोग रफ़्ता-रफ़्ता सरापा अलम हुए

तेरी वफ़ा से क्या हो तलाफ़ी कि दह्र में
तेरे सिवा भी हम पे बहुत से सितम हुए

लिखते रहे जुनूं की हिकायाते-ख़ूंचकां[4]
हरचन्द इसमें हाथ हमारे क़लम हुए

अह्ले-हवस की फ़तह है तर्क़े-नबर्दे-इश्क़[5]
जो पांव उठ गये, वही उनके अलम हुए

नाले अदम में चन्द हमारे सुपुर्द थे
जो वां न खिंच सके, सो वो यां आ के दम हुए

छोड़ी 'असद' न हमने गदाई में दिल्लगी
साइल हुए, तो आशिक़े-अह्ले-करम[6] हुए

---

1. बदपरहेज़ियों 2. हलका 3. इश्क़ का ग़म सहने वाले 4. रक्तरञ्जित कहानियां 5. प्रणय के संघर्ष का त्याग 6. मेहरबानों पर आशिक़।

(57)

मंज़ूर थी ये शक्ल तजल्ली[1] को नूर की
क़िस्मत ख़ुली तेरे क़दो-रुख़ से ज़हूर की

इक ख़ूंचक़ा कफ़न में करोड़ों बनाव हैं
पड़ती है आंख तेरे शहीदों पे हूर की

वाइज़ न तुम पियो, न किसी को पिला सको
क्या बात है तुम्हारी शराबे-तहूर[2] की

लड़ता है मुझसे हश्र में क़ातिल कि क्यों उठा
गोया कभी सुनी नहीं आवाज़ सूर[3] की

आमद बहार की है, जो बुलबुल है नग़्मा-संज
उड़ती-सी इक ख़बर है ज़बानी तयूर[4] की

गो वां नहीं, प वां के निकाले हुए तो हैं
काबे से इन बुतों को भी निस्बत है दूर की

क्या फ़र्ज़ है कि सबको मिले एक-सा जवाब
आओ न! हम भी सैर करें कोहे-तूर[5] की

गरमी सही कलाम में, लेकिन न इस क़दर
की जिससे बात, उसने शिकायत ज़रूर की

'ग़ालिब' गर इस सफ़र में मुझे साथ ले चलें
हज का सवाब[6] नज़्र[7] करूंगा हुज़ूर की

---

1. प्रकाश 2. पवित्रता की शराब 3. प्रलय का संकेत देने वाली दुन्दुभी की आवाज़ 4. पक्षी 5. तूर नामक एक पवित्र पहाड़ 6. पुण्य 7. प्रस्तुत।

(58)

मज़े जहान के अपनी नज़र में ख़ाक नहीं
सिवा-ए-ख़ूंने-जिगर, सो जिगर में ख़ाक नहीं

मगर ग़ुबार हुए पर हवा उड़ा ले जाये
वगरना ताबो-तवां[1] बालो-पर में ख़ाक नहीं

ये किस बहिश्त-शमाइल[2] की आमद-आमद है
कि ग़ैरे-जल्व-ए-गुल[3] रहगुज़र में ख़ाक नहीं

भला उसे न सही, कुछ मुझी को रहम आता
अगर मेरे नफ़से-बेअसर में ख़ाक नहीं

ख़याले जल्व-ए-गुल से ख़राब हैं मैकश
शराबख़ाने के दीवारो-दर में ख़ाक नहीं

हुआ हूं इश्क़ की ग़ारतगरी[4] से शर्मिन्दा
सिवा-ए-हसरते-तामीर[5] घर में ख़ाक नहीं

हमारे शे'र हैं अब सिर्फ दिल्लगी के 'असद'
खुला कि फ़ायदा अर्ज़े-हुनर[6] में ख़ाक नहीं

---

1. शक्ति 2. स्वर्गीय गुणों से सम्पन्न सौन्दर्यमयी रूपसी 3. फूलों की छवि के अतिरिक्त 4. लूट-मार 5. निर्माण की अभिलाषा 6. कला की प्रस्तुति।

(59)

मस्जिद के ज़ेरे-साया ख़राबात[1] चाहिए
भौं पास आंख, क़िब्ल-ए-हाजात चाहिए

आशिक़ हुए हैं आप भी एक और शख़्स पर
आख़िर सितम की कुछ तो मुकाफ़ात[2] चाहिए

दे दाद ऐ फ़लक, दिले-हसरत परस्त की
हां, कुछ-न-कुछ तलाफ़िए माफ़ात[3] चाहिए

सीखे हैं, महरुख़ों[4] के लिए हम मुसव्विरी[5]
तक़रीब[6] कुछ तो बहे-मुलाक़ात[7] चाहिए

मैं से ग़रज़ निशात[8] है किस रूसियाह[9] को
इक गूना बेख़ुदी मुझे दिन-रात चाहिए

है रंगे लाल-ओ-गुल-ओ नसरी जुदा-जुदा
हर रंग में बहार का इस्बात[10] चाहिए

सर-पाए-ख़ुम[11] ये चाहिए हंगामे-बेख़ुदी[12]
रू, सू-ए-क़िब्ला[13] वत्ते-मुनाजात[14] चाहिए

यानी बहस्बे-ग़ार्दिशे-पैमाना-ए-सिफ़ात
आरिफ़ हमेशा मस्तए मै ज़ात चाहिए

नश-ओ-नुमा[15] है अस्ल से 'ग़ालिब' फ़रोग़ को
ख़ामोशी ही से निकले है, जो बात चाहिए

---

1. मैख़ाना 2. बुराई का बदला 3. क्षतिपूर्ति 4. चद्रमुखी 5. चित्रकारी 6. मौक़ा 7. मिलने के लिए 8. आनन्द 9. कलंकित 10. पुष्टि 11. मधुघट के चरण 12. आत्म-विस्मृति के समय 13. क़िब्ला की ओर मुंह 14. प्रार्थना के समय 15. विकसित होना।

(60)

मुद्दत हुई है यार को मेह्मां किये हुए
जोशे-क़दह[1] से बज़्म-चिरागां किये हुए

करता हूं जमूआ फिर जिगरे-लख़्त-लख़्त[2] को
अरसा हुआ है दावते-मिज़गां[3] किये हुए

फिर वजहे-एहतियात[4] से रुकने लगा है दम
बरसों हुए हैं चाक गिरेबां किये हुए

फिर गर्म-नाला हाय-शररबार[5] है नफ़स
मुद्दत हुई है सैरे-चिराग़ां[6] किये हुए

फिर पुर्सिशे-जराहते-दिल[7] को चला है इश्क़
सामाने-सदहज़ार-नमकदां[8] किये हुए

फिर भर रहा हूँ ख़ाम-ए-मिज़गां[9] ब ख़ूंने-दिल
साज़े-चमन-तराज़िए-दामां[10] किये हुए

बाहम[11] दिगर हुए हैं दिल-ओ-दीदा फिर रक़ीब
जज्ज़रा-ओ-ख़याल का सामां किये हुए

दिल फिर तवाफ़े-कूए-मलामत[12] को जाये है
पिन्दार[13] का सनमक़दा[14] वीरां किये हुए

फिर शौक़ कर रहा है ख़रीदार की तलब
अर्जे-मता-ए-अक़्लो-दिलो-जां किये हुए

दौड़े है फिर हर एक गुलो-लाला पे ख़याल
सद गुलिस्तां निगाह का सामां किये हुए

फिर चाहता हूं नामा-ए-दिलदार[15] खोलना
जां नज़्रे-दिल-फ़रेबिए-उनवां किये हुए

मांगे है फिर किसी को लबे-बाम[16] पर हवस
ज़ुल्फे-सियाह रुख़ पे परेशां किये हुए

चाहे है फिर किसी को मुक़ाबिल में आरज़ू
सुर्मे से तेज़ दश्नए मिज़गां[17] किये हुए

इक नौ-बहारे-नाज़[18] को ताके है फिर निगाह
चेहरा फ़रोगे-मय से गुलिस्तां किये हुए

फिर जी में है कि दर पे किसी के पड़े रहें
सर ज़ेरे-बारे मिन्नते-दरबां किये हुए

जी ढूंढ़ता है फिर वही फ़ुर्सत कि रात-दिन
बैठे रहें तसव्वुरे-जाना[19] किये हुए

'ग़ालिब' हमें न छेड़ कि फिर जोशे-अश्क[20] से
बैठे हैं हम तहय्यए तूफ़ां[21] किये हुए

---

1. प्यालों की भरमार 2. जिगर के टुकड़े 3. पलकों की दावत 4. सावधानी के हुलिया 5. जलते हुए 6. दीवाली की सैर 7. दिल के घावों का हाल पूछना 8. लाखों नमकदानियां लेकर 9. पलकों की क़लम 10. दामन में फूल खिलना 11. परस्पर 12. धिक्कार दिलानेवाली प्रिय की गली 13. घमण्ड 14. मन्दिर 15. प्रिय का पत्र 16. मुंडेर कगार 17. पलकों की कटारी 18. नवयौवन की बहार 19. प्रिय की कल्पना 20. आंसुओं का उबाल 21. तूफ़ान का दृढ़ निश्चय।

(61)

मैं उन्हें छेड़ूं और कुछ न कहें
चल निकलते, जो मै पिये होते

क़हृ हो या बला हो, जो कुछ हो
काश! कि तुम मेरे लिए होते

मेरी क़िस्मत में ग़म गर इतना था
दिल भी यारब कई दिये होते

आ ही जाता वो राह पर 'ग़ालिब'
कोई दिन और भी जिये होते

मैं हूं मुश्ताक़े-जफ़ा[1] मुझ पे जफ़ा और सही
तुम हो बेदाद[2] से ख़ुश, इससे सिवा और सही

ग़ैर के मर्ग[3] का ग़म, किसलिए ऐ ग़ैरते-माह[4]
हैं हवस-पेशा[5] बहुत कि न हुआ और सही

तुम हो बुत, फिर तुम्हें पिन्दारे-ख़ुदाई[6] क्यों है
तुम ख़ुदावन्द ही कहलाओ, ख़ुदा और सही

हुस्न में हूर से बढ़कर नहीं होने के कभी
आपका शेवए अन्दाज़ो-अदा और सही

तेरे कूचे का है माइल[7] दिले-मुज़्तर[8] मेरा
काबा इक और सही, क़िब्लानुमा और सही

कोई दुनिया में मगर, बाग़ नहीं है वाइज़
ख़ुल्द[9] भी बाग़ है, ख़ैर आबो-हवा और सही

क्यों न फ़िरदौस[10] में दोज़ख़[11] को मिला लें यारब
सैर के वास्ते थोड़ी-सी फ़ज़ा और सही

मुझ को वो दो कि जिसे खा के न पानी मांगूं
ज़हर कुछ और सही, आबे-बक़ा[12] और सही

मुझसे 'ग़ालिब' ये अलाई ने ग़ज़ल लिखवायी
एक बेदाद-गरे-रंजफ़ज़ा[13] और सही

---

1. अत्याचार का इच्छुक 2. अत्याचार 3. मृत्यु 4. चांद को शरमाने वाला 5. वासना का दास 6. ख़ुदाई का गर्व 7. प्रवृत्त 8. बेकल मन 9. स्वर्ग 10. स्वर्ग 11. नरक 12. अमृत 13. दुःख बढ़ा देने वाला।

(62)

याद है शादी में भी हंगाम-ए-"यारब" मुझे
सुब्हे-ए-ज़ाहिद हुआ है ख़न्दा-ज़ेरे-लब मुझे

है कुशादे-ख़ातिरे-वाबस्ता[1] दर, रहने-सुख़न[2]
था तिलिस्मे-कुफ़्ले-अब्जद, ख़ान-ए-मक्तब[3] मुझे

यारब, इस आशुफ़्तगी की दाद किससे चाहिए
रश्क आसाइश[4] पे है ज़िन्दानियों की अब मुझे

तबआ[5] है मुश्ताक़े-लज़्ज़तहाए-हसरत[6] क्या करूं
आरज़ू से है शिकस्ते-आरज़ू[7] मतलब मुझे

दिल लगाकर आप भी 'ग़ालिब' मुझी-से हो गये
इश्क़ से आते थे मानूए मीरज़ा साहब मुझे

---

1. मन के बन्द द्वार का खुलना 2. काव्य पर निर्भर 3. पाठशाला 4. सुख-सुविधा 5. स्वभाव 6. अपूर्ण इच्छाओं के आनन्द के लिए उत्सुक 7. अभिलाषा का भंग होना।

(63)

ये न थी हमारी क़िस्मत कि विसाले-यार[1] होता
अगर और जीते रहते, यही इन्तिज़ार होता

तेरे वादे पर जिये हम, तो ये जान झूठ जाना
कि ख़ुशी से मर न जाते, अगर एतबार होता

तेरी नाजुकी से जाना कि बंधा था अहद-बूदा[2]
कभी तू न तोड़ सकता, अगर उस्तवार[3] होता

कोई मेरे दिल से पूछे, तेरे तीरे-नीमकश[4] को
ये ख़लिश[5] कहां से होती, जो जिगर के पार होता

ये कहां की दोस्ती है कि बने हैं दोस्त नासेह[6]
कोई चारा साज़[7] होता, कोई ग़मगुसार[8] होता

ग़म अगर्चे जां-ग़ुसल[9] है, प कहां बचें कि दिल है
ग़मे-इश्क़ गर न होता, ग़मे-रोज़गार होता

कहूं किससे मैं कि क्या है, शबे-ग़म बुरी बला है
मुझे क्या बुरा था मरना, अगर एक बार होता

हुए मर के हम जो रुस्वा, हुए क्यों न ग़र्क़े-दरिया[10]
न कभी जनाज़ा उठता, न कहीं मज़ार होता

ये मसाइले-तसव्वुफ़[11] ये तेरा बयान 'ग़ालिब'
तुझे हम वली[12] समझते, जो न बादाख़्वार[13] होता

---

1. प्रिय से मिलन 2. कमज़ोर प्रतिज्ञा 3. दृढ़ 4. आधा खिंचा तीर 5. चुभन 6. उपदेशक 7. हकीम 8. हमदर्द 9. घातक 10. नदी में डूब कर मरना 11. आध्यात्मिक समस्याओं पर चिन्तन 12. पहुंचा हुआ सन्त 13. शराबी।

(64)

रहिये अब ऐसी जगह चलकर, जहां कोई न हो
हम-सुख़न कोई न हो और हम-ज़ुबां कोई न हो

बे दरो-दीवार सा इक घर बनाया चाहिए
कोई हमसाया न हो और पासबां कोई न हो

पड़िये गर बीमार, तो कोई न हो बीमारदार
और अगर मर जाइये, तो नौहा-ख़्वां[1] कोई न हो

---

1. रोनेवाला।

(65)

रोने से और इश्क़ में बेबाक हो गये
धोये गये हम इतने कि बस पाक[1] हो गये

सफ़े-बहाए-मै[2] हुए आलाते-मैकशी[3]
थे ये ही दो हिसाब, सो यूं पाक हो गये

रुस्वा-ए-दह्र[4] गो हुए आवारगी से तुम
बारे-तबीअतों के तो चालाक हो गये

कहता है कौन नाल-ए-बुलबुल को बेअसर
पर्दे में गुल के लाख जिगर चाक हो गये

पूछे है क्या वुजूदो-अदम[5] अह्ले-शौक़[6] का
आप अपनी आग के ख़सो-ख़ाशाक[7] हो गये

करने गये थे उससे तग़ाफुल का हम गिला
की एक ही निगाह कि बस, ख़ाक हो गये

इस रंग से उठायी कल उसने 'असद' की लाश
दुश्मन भी जिसको देख के ग़मनाक[8] हो गये

---

1. पवित्र 2. शराब के लिए ख़र्च 3. शराब रखने के बरतन 4. संसार में बदनाम 5. अस्तित्व व अनस्तित्व 6. अभिलाषी 7. घास-फूस 8. शोक-मग्न।

(66)

लाग़र इतना हूं कि गर तू बज़्म में जा दे मुझे
मेरा ज़िम्मा देखकर गर कोई बतला दे मुझे

क्या तअज्जुब है कि उसको देखकर आ जाये रह्म
वां तलक कोई किसी हीले से पहुंचा दे मुझे

मुंह न दिखलावे, न दिखला, पर बअन्दाज़े-इताब[1]
खोलकर पर्दा ज़रा आँखें ही दिखला दे मुझे

यां तलक मेरी गिरिफ़्तारी से वो ख़ुश है कि मैं
ज़ुल्फ़ गर बन जाऊं, तो शाने में उलझा दे मुझे

1. यातना के तौर पर।

(67)

लाज़िम था कि देखो मेरा रस्ता कोई दिन और
तनहा गये क्यों? अब रहो तनहा कोई दिन और

मिट जायेगा सर, गर तेरा पत्थर न घिसेगा
हूं दर पे तेरे नासिया-फ़रसा[1] कोई दिन और

आये हो कल और आज ही कहते हो कि जाऊं
माना कि हमेशा नहीं अच्छा कोई दिन और

जाते हुए कहते हो क़यामत को मिलेंगे
क्या ख़ूब, क़यामत का है गोया कोई दिन और

हां, ऐ फ़लके-पीर[2] जवां था अभी आरिफ़[3]
क्या तेरा बिगड़ता, जो न मरता कोई दिन और

तुम माहे-शबे-चार-दहुम[4] थे मेरे घर के
फिर क्यों न रहा घर का वो नक़्शा कोई दिन और

तुम कौन से थे ऐसे खरे दादो-सतद[5] के
करता मलक-उल-मौत[6] तक़ाज़ा कोई दिन और

मुझसे तुम्हें नफ़रत सही, नय्यर[7] से लड़ाई
बच्चों का भी देखा न तमाशा कोई दिन और

नादां हो, जो कहते हो कि क्यों जीते हैं 'ग़ालिब'
क़िस्मत में है मरने की तमन्ना कोई दिन और

---

1. माथा रगड़ने वाला 2. बूढ़ा आकाश 3. ग़ालिब का गोद लिया पुत्र युवावस्था में जिसकी मृत्यु हो गयी थी 4. चौदहवीं का चांद 5. लेन-देन 6. मृत्यु के देवता (यमराज) 7. व्यक्ति विशेष।

(68)

वो फ़िराक़ और वो विसाल कहां
वो शबो-रोज़ व माहो-साल[1] कहां

फ़ुर्सते-कारोबारे-शौक़[2] किसे
जौक़े-नज़्ज़ार-ए-जमाल[3] कहां

दिल तो दिल, वो दिमाग़ भी न रहा
शोरे-सौदा-ए-ख़त्तो-ख़ाल[4] कहां

थी वो इक शख़्स के तसब्बुर से
अब वो रानाइ-ए-ख़याल[5] कहां

ऐसा आसां नहीं लहू रोना
दिल में ताक़त, जिगर में हाल कहां

हमसे छूटा क़िमारखान-ए-इश्क़[6]
वां जो जावें, गिरह में माल कहां

फ़िक्रे-दुनिया में सर खपाता हूं
मैं कहां और यह वबाल कहां

मुज़महिल[7] हो गये कुवा[8] 'ग़ालिब'
वो अनासिर[9] में एतदाल[10] कहां

---

1. रात-दिन-मास-वर्ष 2. सांसारिक व्यापार हेतु अवकाश 3. सौन्दर्य का दृश्य देखने की अभिरुचि 4. रूप की कल्पना का कोलाहल 5. विचारों का सौन्दर्य 6. प्रेम का जुआघर 7. शिथिल 8. शक्तियां 9. तत्त्व 10. सन्तुलन।

(69)

ये हम जो हिज्र में दीवारो-दर को देखते हैं
कभी सबा को, कभी नामाबर[1] को देखते हैं

वो आए घर में हमारे ख़ुदा की कुदरत है
कभी हम उनको, कभी अपने घर को देखते हैं

नज़र लगे न कहीं उनके दस्तो-बाज़ू[2] को
ये लोग क्यों मेरे ज़ख़्मे-जिगर को देखते हैं

तेरे जवाहिरे-तर्फ़े-कुलह[3] को क्या देखें
हम औजे-तालए-लालो-गुहर[4] को देखते हैं

1. सन्देश वाहक 2. हाथ और भुजाएं 3. टोपी में टंके हुए रत्न 4. हीरे-मोती के भाग्य की ऊंचाई।

(70)

वो मेरी चीने-जबीं[1] से ग़मे-पिनहां[2] समझा
राज़े-मक़्तूब[3] ब-बेरब्ती-ए-उन्वां[4] समझा

यक अलिफ़ बेश[5] नहीं सैक़ले-आईना[6] हनोज़
चाक करता हूं मैं जब से कि गिरेबां समझा

शरहे-असबाबे-गिरिफ़्तारि-ए-ख़ातिर[7] मत पूछ
इस क़दर तंग हुआ दिल कि मैं ज़िन्दां समझा

बदगुमानी ने न चाहा उसे सरगर्मे-ख़िराम[8]
रुख़ पे हर क़तरा-ए-अर्क दीद-ए-हैरां समझा

इज़्ज़ से अपने ये जाना कि वो बदख़ूं[9] होगा
नब्ज़े-ख़स[10] से तपिश-ए-शोल-ए-सोज़ां[11] समझा

सफ़र-ए-इश्क़ में की ज़ोफ़[12] ने राहत-तलबी[13]
हर क़दम साये को मैं अपने शबिस्तां[14] समझा

था गुरेज़ां[15] मिज़्-ए-यार[16] से दिल ता-दमे-मर्ग[17]
दफ़ए-पैकाने-क़ज़ा[18] इस क़दर आसां समझा

दिल दिया जान के क्यों उसको वफ़ादार 'असद'
ग़लती की कि जो काफ़िर को मुसलमां समझा

---

1. माथे की शिकन 2. आन्तरिक ग़म 3. पत्र का रहस्य 4. शीर्षक की असंगति 5. अधिक 6. दर्पण की कलई 7. हृदय की व्याकुलता के कारण की व्याख्या 8. गतिमान 9. अशिष्ट 10. घास की नाड़ी 11. जलती हुई आग की तपन 12. दुर्बलता 13. विश्राम की इच्छा 14. शयनकक्षा 15. कतरना 16. प्रिय की पलकें 17. मरने तक 18. मृत्यु-बाण से बचाव।

(71)

शिकवे के नाम से बेमेह्र[1] ख़फ़ा होता है
यह भी मत कह कि जो कहिये, तो गिला होता है

पुर हूं मैं शिकवे से यूं राग से जैसे बाज़ा
इक ज़रा छेड़िये, फिर देखिये क्या होता है

गो समझता नहीं, पर हुस्ने-तलाफ़ी[2] देखो
शिकव-ए-जौर[3] से सरगर्मे-जफ़ा[4] होता है

इश्क़ की राह में है चर्ख़े-मकौकब[5] की वो चाल
सुस्त-रौ जैसे कोई आबला-पा होता है

क्यों न ठहरें हदफ़-ए-नावके-बेदाद[6] कि हम
आप उठा लाते हैं, गर तीर ख़ता होता है

ख़ामा[7] मेरा कि वो है बार बदे-बज़्मे-सुख़न[8]
शाह की मद्‌ह[9] में, यूं नग़मासरा[10] होता है

ऐ शहंशाहे-कवाकिब सिपह-ए-मेह्र अलम
तेरे इकराम[11] का हक़ किससे अदा होता है

सात इक़्लीम[12] का हासिल जो फ़राहम[13] कीजै,
तो वो लश्कर का तेरे ना'लबहा होता है

हर महीने में जो यह बद्र[14] से होता है हिलाल[15]
आस्तां पर तेरे मह नासिया सा[16] होता है

---

1. निर्मोही 2. सुन्दर विधि 3. अत्याचार की शिकायत 4. अत्याचार में व्यस्तद 5. तारों-भरा आसमान 6. जुल्म के तीर का निशाना 7. क़लम 8. काव्य-सभा का महान् संगीतज्ञ 9. प्रशंसा 10. गीत छेड़ना 11. सम्मान 12. महाद्वीप 13. जमा 14. पूर्ण चन्द्र 15. दूज का चांद 16. धरती पर माथा रखकर पूजा करने वाला।

(72)

शौक़ हर रंग रक़ीबे-सरो-सामां[1] निकला
क़ैस तस्वीर के पर्दे में भी उरियां[2] निकला

ज़ख़्म, ने दाद, न दी तंगिए-दिल की यारब
तीर भी सीना-ए-बिस्मिल[3] से परअफ़शां[4] निकला

बूए-गुल, नाल-ए-दिल, दूदे-चराग़े-महफ़िल[5]
जो तेरी बज़्म से निकला, वो परीशां निकला

चन्द तस्वीरे-बुतां, चन्द हसीनों के ख़ुतूत[6]
बाद मरने के मेरे घर से ये सामां निकला

है नौ-आमोज़े-फ़ना[7] हिम्मते-दुश्वार पसन्द[8]
सख़्त मुश्किल है कि ये काम भी आसां निकला

दिल में फिर गिरिया[9] ने इक शोर उठाया 'ग़ालिब'
आह! जो क़तरा न निकला था, सो तूफ़ां निकला

---

1. प्रतिद्वन्द्वी की भांति 2. नग्न 3. घायल की छाती 4. पंख फड़फड़ाना 5. महफ़िल के दीये का धुआं 6. पत्र 7. नौसिखिया 8. कठिनाई का इच्छुक साहसी 9. रुदन।

(73)

सब कहां कुछ लाल-ओ-गुल में नुमायां[1] हो गयीं
ख़ाक में क्या सूरतें होंगी कि पिनहां[2] हो गयीं

याद थीं हमको भी रंगारंग बज़्म-आराइयां[3]
लेकिन अब नक़्शो-निगारे-ताक़े-निसियां[4] हो गयीं

थीं बनातुन्नाशे-गर्दूं[5] दिन को पर्दे में निहां
शब को उनके जी में क्या आई कि उरियां[6] हो गयीं

कैद में याकूब ने ली गो न यूसुफ़ की ख़बर
लेकिन आंखें रौज़ने-दीवारे-ज़िन्दां[7] हो गयीं

सब रक़ीबों से हो नाख़ुश पर ज़नाने-मिस्त्र से
है जुलैख़ा ख़ुश कि महवे-माहे-कनूआं[8] हो गयीं

जूए-ख़ूं[9] आंखों से बहने दो कि है शामे-फ़िराक़
मैं ये समझूंगा कि शमूएं दो फ़ंरोज़ां[10] हो गयीं

इन परीज़ादों से लेंगे ख़ुल्द[11] में हम इन्तक़ाम
क़ुदरते-हक़ से यही हूरें अगर वां हो गयीं

नींद उसकी हैं, दिमाग़ उसका है, रातें उसकी हैं
तेरी ज़ुल्फ़ें जिसके बाज़ू पर परीशां हो गयीं

मैं चमन में क्या गया, गोया दबिस्तां[12] खुल गया
बुलबुलें सुनकर मेरे नाले, ग़ज़लख़्वां हो गयीं

वो निगाहें क्यों हुई जाती हैं यारब दिल के पार
जो मेरी कोताहिए-क़िस्मत[13] से मिज़गां हो गयीं

बस कि रोका मैंने और सीने में उभरीं पै-ब-पै
मेरी आहें बखिय-ए-चाके-गिरेबां हो गयीं

वां गया भी मैं, तो उनकी गालियों का क्या जवाब
याद थीं जितनी दुआएं सर्फ़े-दरबां हो गयीं

जां-फ़िज़ा[14] है बादा[15] जिसके हाथ में जाम आ गया
सब लकीरें हाथ की गोया रगे-जां हो गयीं

हम मुवहिहद[16] हैं हमारा केश[17] है तर्क़े-रुसूम[18]
मिल्लतें[19] जब मिट गयीं अज्ज़ा-ए-ईमां[20] हो गयीं

रंज से खूगर[21] हुआ इन्सां तो मिट जाता है रंज
मुश्किलें मुझ पर पड़ीं इतनी कि आसां हो गयीं

यूं ही गर रोता रहा 'ग़ालिब' तो ऐ अह्ले-जहां
देखना इन बस्तियों को तुम कि वीरां हो गयीं

---

1. प्रकट 2. छुपी 3. सभा सजना 4. विस्मृति के झरोख़े के बेल-बूटे 5. सप्तर्षि-मण्डल 6. प्रकट 7. बन्दीगृह की दीवारें की दरारें 8. यूसुफ़ को देखकर खो जाना 9. लहू की नदी 10. प्रज्वलित 11. स्वर्ग 12. पाठशाला 13. दुर्भाग्य 14. होश में लाने वाली 15. मदिरा 16. एकेश्वरवादी 17. धर्म 18. रीतियों को त्यागना 19. सम्प्रदाय 20. धर्म का भाग 21. अभ्यस्त।

(74)

सादगी पर उसकी मर जाने की हसरत दिल में है
बस नहीं चलता कि फिर ख़ंजर कफ़े-क़ातिल में है

देखना तक़रीर की लज़्ज़त कि जो उसने कहा
मैंने यह जाना कि गोया यह भी मेरे दिल में है

गर्चे है किस-किस बुराई से वले बा-ई-हमा
ज़िक्र मेरा मुझसे बेहतर है कि उस महफ़िल में है

बस, हुजूमे-नाउमीदी[1] ख़ाक में मिल जायेगी
यह जो इक लज़्ज़त हमारी सई-ए बे-हासिल[2] में है

रंजे-रह क्यों ख़ींचिये, वामांदगी[3] को इश्क़ है
उठ नहीं सकता, हमारा जो क़दम मंज़िल में है

जल्वा-ज़ारे आतिशे-दोज़ख़[4] हमारा दिल सही
फ़ित्नए शोरे-क़यामत[5] किसके आबो-गिल[6] में है

है दिले-शोरीदए 'ग़ालिब'[7] तिलिस्मे-पेचो-ताब[8]
रहम कर अपनी तमन्ना पर कि किस मुश्किल में है

---

1. निराशा का समूह 2. निष्फल प्रयास 3. थकान 4. नरक की आग से भरा हुआ 5. प्रलय-सा साकार उपद्रव 6. पानी और मिट्टी 7. ग़ालिब का उन्मत्त तथा व्याकुल हृदय 8. दुःख व बेचैनी का जादू।

(75)

हजारों ख़्वाहिशें ऐसी कि हर ख़्वाहिश पे दम निकले
बहुत निकले मेरे अरमान, लेकिन फिर भी कम निकले

डरे क्यों मेरा क़ातिल, क्या रहेगा उसकी गरदन पर
वो ख़ूं जो चश्मे-तर[1] से उम्र-भर यूं दम-ब-दम निकले

निकलना ख़ुल्द से आदम का सुनते आये हैं, लेकिन
बहुत बे-आबरू होकर तेरे कूचे से हम निकले

भरम खुल जाये ज़ालिम तेरे क़ामत[2] की दराज़ी का
अगर इस तुर्र-ए-पुरपेचो-ख़म[3] का पेचो-ख़म निकले

मगर लिखवाये कोई उसको ख़त, तो हमसे लिखवाये
हुई सुब्ह और घर से कान पर रखकर क़लम निकले

हुई इस दौर में मन्सूब मुझसे बादा-आशामी[4]
फिर आया वो ज़माना, जो जहां में जामे-जम निकले

हुई जिनसे तवक़्क़ो ख़स्तगी[5] की दाद पाने की
वो हम से भी ज़ियादा ख़स्त-ए-तेग़े-सितम निकले

मुहब्बत में नहीं है फ़र्क़ जीने और मरने का
उसी को देखकर जीते हैं, जिस काफ़िर पे दम निकले

कहां मैख़ाने का दरवाज़ा 'ग़ालिब' और कहां वाइज़[6]
पर इतना जानते हैं, कल वो जाता था कि हम निकले

---

1. भीगे हुए नेत्र 2. क़द 3. उलझे बालों के बल 4. मदिरापान 5. घायल अवस्था 6. उपदेशक।

(76)

हमसे खुल जाओ बवक़्ते-मयपरस्ती एक दिन
वरना हम छोड़ेंगे रखकर उज़्रे-मस्ती[1] एक दिन

ग़र्र-ए-औजे-बिना-ए[2]- आलमे-इम्कां[3] न हो
इस बुलन्दी के नसीबों में है पस्ती[4] एक दिन

क़र्ज़ की पीते थे मै, लेकिन समझते थे कि हां
रंग लावेगी हमारी फ़ाक़ामस्ती[5] एक दिन

नग़्मा-हाए-ग़म को भी ऐ दिल ग़नीमत जानिये
बे-सदा हो जायेगा, ये साज़े-हस्ती[6] एक दिन

धौल-धप्पा उस सरापा नाज़[7] का शेवा[8] नहीं
हम ही कर बैठे थे 'ग़ालिब' पेशदस्ती[9] एक दिन

---

1. मस्ती के बहारे 2. महान् होने का गर्व 3. ख़्यालों की दुनिया 4. गिरावट 5. भूखों मरना 6. ज़िन्दगी का राग 7. सर से पांव तक घमण्डी 8. आदत 9. छेड़खानी।

(77)

हर क़दम दूरि-ए-मंज़िल है नुमायां[1] मुझसे
है मेरी रफ़्तार से भागे है बयाबां मुझसे

दर्से-उन्वाने-तमाशा[2] ब तग़ाफुल ख़ुशतर[3]
है निगह रिश्त-ए-शीराज़-ए-मिज़गां[4] मुझसे

वहशते-आतशे-दिल[5] से शब-तनहाई में
सूरते-दूद[6] रहा साया गुरेजां मुझसे

ग़म-ए-उश्शाक़ न हो सादगी आमोज़े-बुतां[7]
किस क़दर ख़ान-ए-आईना[8] है वीरां मुझसे

असरे-आबला[9] से जाद-ए-सहरा-ए-जुनूं[10]
सूरते-रिश्त-ए-गौहर है चरागां मुझसे

बेख़ुदी बिस्तरे-तम्हीदे-फ़राग़त[11] हो जो
पुर है साये की तरह मेरा शबिस्तां मुझसे

शौक़े दीदार में गर तू मुझे गरदन मारे
हो निग्ह मिस्ले-गुले-शम्आ परेशां मुझसे

बेकसी-हाए-शबे-हिज्र[12] की वहशत है-है
साया ख़ुर्शीदे-क़यामत[13] में है पिनहां मुझसे

निग्ह-ए-गर्म[14] से इक आग टपकती है 'असद'
है चराग़ां, ख़सो-ख़ाशाके-गुलिस्तां[15] मुझसे

---

1. स्पष्ट 2. तमाशे के शीर्षक से शिक्षा लेना 3. बेहतर 4. बिखरी हुई पलकों को एक साथ सी देने वाला धागा 5. दिल की जलन से उत्पन्न घबराहट 6. धुएं की भांति 7. हसीनों को सादगी सिखाने वाला 8. शीशे का घर 9. छालों का असर 10. जुनून के रेगिस्तान का खर्च 11. आराम की भूमिका का बिस्तर 12. विरह-रात्रि की वेदना 13. प्रलय का सूर्य 14. उत्साही दृष्टि 15. बाग़ की घासफूस।

(78)

हर एक बात पे कहते हो तुम कि तू क्या है
तुम्हें कहो कि ये अन्दाज़े-गुफ़्तगू क्या है

न शोले में ये करिश्मा, न बर्क़ में ये अदा
कोई बताओ कि वो शोख़े-तुन्द-ख़ू क्या है

ये रश्क है कि वो होता है हमसुख़न तुमसे
वगरना ख़ौफ़े-बद-आमोज़ि-ए-अदू[1] क्या है

चिपक रहा है बदन पर लहू से पैराहन[2]
हमारी जै को अब हाजते-रफ़ू क्या है

जला है जिस्म जहां, दिल भी जल गया होगा
कुरेदते हो जो अब राख, जुस्तजू क्या है

रगों में दौड़ने-फिरने के हम नहीं क़ाइल[3]
जब आंख ही से न टपका, तो फिर लहू क्या है

वो चीज़, जिसके लिए हमको हो बहिश्त अज़ीज़
सिवाए बाद-ए-गुलफ़ामे-मुश्क-बू[4] क्या है

रही न ताक़ते-गुफ़्तार[5] और अगर हो भी
तो किस उम्मीद पे कहिये कि आरज़ू क्या है

हुआ है शह[6] का मुसाहिब,[7] फिरे है इतराता
वगरना शह्र में 'ग़ालिब' की आबरू[8] क्या है

---

1. दुश्मन को सिखाने-पढ़ाने का डर 2. लिबास 3. मान्यता 4. कस्तूरी की सुगन्ध व फूलों के रंग की शराब 5. बात करने की ताक़त 6. बादशाह 7. कर्मचारी 8. प्रतिष्ठा।

(79)

हवस को है निशाते-कार[1] क्या-क्या
न हो मरना, तो जीने का मज़ा क्या

तजाहुल-पेशगी[2] से मुद्दआ क्या
कहां तक ऐ सरापा नाज़[3] "क्या-क्या"

नवाज़िश-हाए-बेजा[4] देखता हूं
शिकायत-हाए-रंगीं[5] का गिला क्या

निगाहे-बेमुहाबा[6] चाहता हूं
तग़ाफुल[7]-हाए-तम्कीं-आज़्मा[8] क्या

नफ़स[9] मौजे-मुहीते-बेख़ुदी[10] है
तग़ाफुल हाय साक़ी का गिला क्या

मुहाबा[11] क्या है मैं ज़ामिन[12] इधर देख
शहीदाने-निग्ह[13] का ख़ूं बहा क्या

सुन ऐ ग़ारतगरे-जिंसे-वफ़ा[14] सुन
शिकस्ते-क़ीमते-दिल[15] की सदा क्या

किया किसने जिगरदारी[16] का दावा
शिकेबे-ख़ातिरे-आशिक़[17] भला क्या

बला-ए-जां है 'ग़ालिब' उसकी हर बात
इबारत[18] क्या, इशारत[19] क्या, अदा क्या

---

1. काम की उमंग 2. जान-बूझकर अनजान बनना 3. नख़रों का प्रतीक 4. अनुचित कृपा 5. सुखद शिकायत 6. निःसंकोच दृष्टि 7. उपेक्षा 8. धीरज की परीक्षा 9. सांस 10. मस्ती के समुद्र की उमंग 11. संदिग्ध 12. ज़िम्मेदार 13. नज़र का मारा हुआ 14. प्रेम-रूपी दौलत का लुटेरा 15. हृदय के मूल्य में कमी 16. सहनशीलता 17. प्रेमी का धीरज 18. लिखावट 19. इशारा।

(80)

हुई ताख़ीर तो कुछ बाइसे-ताख़ीर[1] भी था
आप आते थे, मगर कोई इनांगीर[2] भी था

तुमसे बेजा है मुझे अपनी तबाही का गिला
इसमें कुछ शाइबए-ख़ूबिए-तक़्दीर[3] भी था

तू मुझे भूल गया हो, तो पता बतला दूं
कभी फ़ितराक[4] में तेरे कोई नख़्चीर[5] भी था

क़ैद में थी तेरे वहशी को वही ज़ुल्फ़ की याद
हां कुछ इक रंजे-गिरांबारिए-ज़ंजीर[6] भी था

यूसुफ़[7] उसको कहूं और कुछ न कहे ख़ैर हुई
गर बिगड़ बैठे, तो मैं लायक़े-ताज़ीर[8] भी था

देखकर ग़ैर को हो क्यों न कलेजा ठण्डा
नाला करता था वले[9] तालिबे-तासीर[10] भी था

पेशे में ऐब नहीं, रखिये ना फ़रहाद को नाम
हम ही आशुफ़्ता-सरों[11] में वो जवां मीर भी था

हम थे मरने को खड़े, पास न आया, न सही
आख़िर उस शोख़ के तरकश[12] में कोई तीर भी था

रेख़्ते[13] के तुम्हीं उस्ताद नहीं हो 'ग़ालिब'
कहते हैं अगले ज़माने में कोई 'मीर' भी था

---

1. देर का कारण 2. रास्ता रोकने वाला 3. सौभाग्यवश 4. शिकारी का थैला 5. शिकार 6. बेड़ियों के बोझ का दुःख 7. सुन्दरतम 8. दण्ड का भागी 9. यदि लेकिन 10. प्रभाव का इच्छुक 11. उन्मादी 12. तीर रखने का पात्र 13. उर्दू।

(81)

हुस्न-ग़म्ज़े[1] की कशाकश से छुटा मेरे बाद
बारे-आराम से हैं अह्ले-ज़फ़ा मेरे बाद

मन्सबे-ए-शेफ़्तगी[2] के कोई क़ाबिल न रहा
हुई माज़ूलि-ए-अन्दाज़ो-अदा[3] मेरे बाद

शम्आ बुझती है तो उसमें से धुआं उठता है
शोल-ए-इश्क़ सियहपोश[4] हुआ मेरे बाद

ख़ूं है दिल ख़ाक में अहवाले-बुतां[5] पर यानी
उनके नाख़ुन हुए मोहताजे-हिना[6] मेरे बाद

दरे-ख़ुरे-अर्ज़[7] नहीं जौहरे-बेदाद को जा
निगहे-नाज़ है सुर्मे से ख़फ़ा मेरे बाद

है जुनूं अह्ले-जुनूं के लिए आग़ोशे-विदा[8]
चाक होता है गिरेबां से जुदा मेरे बाद

कौन होता है हरीफ़े-मये-मर्द-अफ़्गने-इश्क़[9]
है मुकर्रर[10] लबे-साक़ी ये सला[11] मेरे बाद

ग़म से मरता हूं कि इतना नहीं दुनिया में कोई
कि करे ताज़ियते-मेह्रो-वफ़ा[12] मेरे बाद

आये है बेकसी-ए-इश्क़ पे रोना 'ग़ालिब'
किसके घर जायेगा सैलाबे-बला[13] मेरे बाद

---

1. नाज़ और अदा 2. प्रेम का अर्क 3. नख़रों का जाना 4. काले वस्त्रों में 5. प्रिय की हालत 6. मेंहदी को तरसते हुए 7. प्रार्थना के योग्य 8. विदा की गोद 9. प्रेम की घातक मदिरा-पान का साहसी 10. दोबारा 11. आवाज़ 12. शोक प्रकट करना 13. विपत्तियों की बाढ़।

(82)

है आरमीदगी[1] में निकोहिश[2] बजा मुझे
सुब्हे-वतन है ख़न्द-ए-दन्दांनुमा[3] मुझे

ढूंढ़े है उस मुगन्निए-आतश-नफ़स को जी
जिसकी सदा हो जल्वा-ए-बर्क़े-फ़ना मुझे

मस्ताना तय करूं हूं रहे वादि-ए-ख़याल
ता-बाज़गश्त[4] से न रहे मुद्दआ मुझे

करता है बस कि बाग़ में तू बेहिजाबियां[5]
आने लगी है नक्हते-गुल[6] से हया मुझे

खुलता किसी पे क्यों मेरे दिल का मुआमला
शे'रों के इन्तिख़ाब[7] ने रुस्वा किया मुझे

---

1. आराम करने का आदी 2. उलाहना 3. ज़ोर से खिलखिलाना 4. प्रतिध्वनि 5. बेपर्दरी 6. फूलों की सुगन्ध 7. चयन।

(83)

है बज़्मे-बुतां[1] में सुख़न आज़ुर्दा[2] लबों से
तंग आए हैं हम ऐसे ख़ुशामद-तलबों से

है दौरे-क़द्हा[3] वज्हे-परेशानि-ए-सहबा[4]
इक बार लगा दो ख़ुमे-मै मेरे लबों से

रिन्दाने-दरे-मैकदा[5] गुस्ताख़ हैं ज़ाहिद
ज़िन्हार[6] न होना तरफ़ इन बे-अदबों से

बेदादे-वफ़ा देख कि जाती रही आख़िर
हरचन्द मेरी जान को था रब्त लबों से

---

1. माशूक़ों की सभा 2. रूठे हुए 3. शराब के प्याले का चक्कर 4. शराब की आकुलता का कारण 5. मधुशाला के द्वार पर खड़े मनमौजी शराबी 6. कदापि।

(84)

है बस कि हर इक उनके इशारे में निशां और
करते हैं मुहब्बत, तो गुज़रता है गुमां और

यारब वो न समझे हैं, न समझेंगे मेरी बात
दे और दिल उनको, जो न दे मुझको जुबां और

अबरू[1] से है क्या, उस निगहे-नाज़[2] को पैवन्द
है तीर मुकर्रर, मगर इसकी है कमां और

तुम शहर में हो, तो हमें क्या ग़म, जब उठेंगे
ले आयेंगे बाज़ार से जाकर दिलो-जां और

हरचन्द सुबुक-दस्त[3] हुए बुत-शिकनी में
हम हैं, तो अभी राह में हैं संगे-गिरां[4] और

है ख़ूने-जिगर जोश में दिल खोल के रोता
होते जो कई दीदा-ए-ख़ूं नाबा-फ़िशां[5] और

लोगों को है ख़ुरशीदे-जहांताब[6] का धोका
हर रोज़ दिखाता हूं मैं इक दाग़े-निहां[7] और

लेता न अगर दिल, तुम्हें देता कोई दम चैन
करता, जो न मरता कोई दिन आहो-फ़ुग़ां और

हैं और भी दुनिया में सुख़नवर[8] बहुत अच्छे
कहते हैं कि 'ग़ालिब' का है अन्दाज़े-बयां और

---

1. भवें 2. प्रिय की दृष्टि 3. सिद्धहस्त 4. भारी पत्थर 5. ख़ून टपकाने वाली आँखें 6. संसार को आलोकित कर देने वाला सूर्य 7. छिपा हुआ दाग़ 8. शाइर।

(85)

हैरां हूं, दिल को रोऊं कि पीटूं जिगर को मैं
मक्दुर[1] हो, तो साथ रखूं नौहागर[2] को मैं

छोड़ा न रश्क़[3] ने कि तेरे घर का नाम लूं
हर इक से पूछता हूं कि जाऊं किधर को मैं

जाना पड़ा रक़ीब[4] के दर पर हज़ार बार
ऐ काश! जानता न तेरे रहगुज़र को मैं

लो, वो भी कहते हैं कि ये बेनंगो-नाम[5] है
यह जानता अगर, तो लुटाता न घर को मैं

चलता हूं थोड़ी दूर हर इक तेज़-रौ[6] के साथ
पहचानता नहीं हूं अभी राहबर को मैं

ख़्वाहिश को अह्मक़ों[7] ने परस्तिश[8] दिया करार
क्या पूजता हूं उस बुते-बेदादगर[9] को मैं

फिर बेख़ुदी में भूल गया राहे-कूए-यार[10]
जाता वगरना एक दिन अपनी ख़बर को मैं

अपने पे कर रहा हूं क़यास[11] अह्ले-दह्र[12] का
समझा हूं दिल-पज़ीर[13] मता-ए-हुनर को मैं

'ग़ालिब' ख़ुदा करे कि सवारे-समन्दे-नाज़
देखूं अली-बहादुरे आली-गुहर को मैं

---

1. सामर्थ्य 2. रोने वाले 3. ईर्ष्या 4. ग़ैर 5. बदनाम 6. तेज़ चलने वाले 7. अनाड़ी 8. पूजा 9. निष्ठुर प्रेमिका 10. प्रेमिका की गली 11. अनुमान 12. दुनिया वाले 13. दिल को लुभाना।

(86)

अर्ज़े-नियाज़े-इश्क़[1] के क़ाबिल नहीं रहा
जिस दिल पे नाज़ था मुझे, वो दिल नहीं रहा

जाता हूं दाग़े-हसरते-हस्ती लिये हुए
हूं शम्मए-कुश्ता[2] दरखुरे-महफ़िल[3] नहीं रहा

मरने की ऐ दिल और ही तदबीर कर कि मैं
शायाने-दस्तो-बाज़ु-ए-क़ातिल[4] नहीं रहा

बर रूए-शश-जिहत[5] दरे-आईनाबाज़[6] है
यां इम्तियाज़े-नाक़िसो-कामिल[7] नहीं रहा

वा[8] कर दिये हैं शौक़ ने बन्दे-नक़ाबे-हुस्न
ग़ैर अज़ निगाह[9] अब कोई हाइल[10] नहीं रहा

गो मैं रहा रहीने-सितम-हाय-रोज़गार[11]
लेकिन तेरे ख़याल से ग़ाफ़िल[12] नहीं रहा

दिल से हवा-ए-किश्ते-वफ़ा[13] मिट गयी कि वां
हासिल सिवा-ए-हसरते-हासिल[14] नहीं रहा

बेदादे-इश्क़[15] से नहीं डरता, मगर 'असद'
जिस दिल पे नाज़ था मुझे, वो दिल नहीं रहा

---

1. प्यार का प्रणय-याचना 2. बुझा हुआ दीपक 3. सभा के लायक़ 4. प्रिय के द्वारा मरने के योग्य 5. छह दिशाओं में 6. खुला हुआ शीशा 7. दोषी व निर्दोष का भेद 8. खोलना 9. दृष्टि के अलावा 10. बाधक 11. सांसारिक अत्याचारों से त्रस्त 12. उदासीन 13. प्रेम का पौधा लगाने की आशा 14. प्राप्ति की इच्छा के अतिरिक्त 15. प्रेम का अत्याचार।

(87)

आईना क्यों न दूं कि तमाशा कहें जिसे
ऐसा कहां से लाऊं कि तुझ-सा कहें जिसे

हसरत ने ला रखा है तेरी बज़्मे-ख़याल में
गुलदस्ता-ए-निगाह सुवैदा[1] कहें जिसे

फूंका है किसने गोशे-मुहब्बत[2] में ऐ ख़ुदा
अफ्सने-इन्तज़ार[3], तमन्ना कहें जिसे

सर पर हुजूमे-दर्दे-गरीबी[4] से, डालिये
वो एक मुश्ते-ख़ाक कि सहरा कहें जिसे

है चश्मे-तर में हसरते-दीदार से निहां
शौक़े-इनां-गुसेख़्ता[5] दरिया कहें जिसे

दरकार है शगुफ़्तने-गुल-हाए-ऐश[6] को
सुब्हे-बहार पम्बा-ए-मीना[7] कहें जिसे

'ग़ालिब' बुरा न मान, जो वाइज़ बुरा कहे
ऐसा भी कोई है कि सब अच्छा कहें जिसे

---

1. हृदय-चिन्ह 2. प्रिय की लगन 3. प्रतिज्ञा का जादू 4. देश-विदेश घूमने के कष्ट की अधिकता 5. अत्यधिक इच्छा 6. ऐश्वर्यरूपी पुष्पों को खिलने के लिए 7. मदिरापात्र पर रखा रुई का फाहा।

(88)

आ कि मेरी जान को क़रार नहीं है
ताक़ते-बेदादे-इन्तिज़ार[1] नहीं है

देते हैं जन्नत हयाते-दहर[2] के बदले
नश्शा ब अन्दाज़ा-ए-ख़ुमार नहीं है

गिरिया[3] निकाले है, तेरी बज़्म से मुझको
हाए कि रोने पे भी इख़्तियार नहीं है

हमसे अबस[4] है गुमाने-रंजिशे-ख़ातिर[5]
ख़ाक में उश्शाक़[6] की ग़ुबार नहीं है

दिल से उठा लुत्फ़े-जल्वा-हाए-मा'नी[7]
ग़ैर-ए-गुल आईना-ए-बहार नहीं है

क़त्ल का मेरे किया है अहद, तो बारे
वाए! अगर अहद[8] उस्तवार[9] नहीं है

तूने क़सम मैकशी की खायी है 'ग़ालिब'
तेरी क़सम का कुछ भी एतबार नहीं है

---

1. प्रतीक्षा की अनिक्षा की शक्ति 2. सांसारिक जीवन 3. रुदन 4. व्यर्थ 5. सम्मान व ईर्ष्या की आशा 6. प्रेमी 7. अर्थ के सौन्दर्य का आनन्द 8. निश्चय 9. दृढ़।

(89)

आह को चाहिए इक उम्र असर होने तक
कौन जीता है तेरी ज़ुल्फ़ के सर होने तक

दाम[1] हर मौज में है हल्क़ा-ए-सदकामे-नहंग[2]
देखें क्या गुज़रे है क़तरे पे गुहर होने तक

आशिक़ी सब-तलब और तमन्ना बेताब
दिल का क्या रंग करूं ख़ूने-जिगर होने तक

हमने माना कि तग़ाफुल[3] न करोगे, लेकिन
ख़ाक हो जाएंगे हम तुमको ख़बर होने तक

परतवे-ए-ख़ुर[4] से है शबनम को फ़ना की ता'लीम
मैं भी हूं एक इनायत की नज़र होने तक

यक नज़र बेश[5] नहीं, फ़ुर्सते-हस्ती[6] ग़ाफ़िल
गरमिए-बज़्म है इक रक्से-शरर[7] होने तक

ग़मे-हस्ती का 'असद' किससे हो जुज़[8] मर्ग[9] इलाज
शम्मा हर रंग में जलती है सहर[10] होने तक

---

1. जाल 2. सौ जबड़ों वाले मगरमच्छ का घेरा 3. उपेक्षा 4. सूर्य का प्रतिबिम्ब 5. ज़्यादा 6. जीवन-अवधि 7. चिनगारी का नाच 8. सिवा 9. मृत्यु 10. सुबह।

(90)

इब्ने-मरियम[1] हुआ करे कोई
मेरे दुख की दवा करे कोई

शर-ओ-आईन[2] पर मदार[3] सही
ऐसे क़ातिल का क्या करे कोई

चाल जैसे कड़ी कमान का तीर
दिल में ऐसे कि जा करे कोई

बात पर वां[4] ज़ुबान कटती है
वो कहें और सुना करे कोई

बक रहा हूं जुनू में क्या-क्या कुछ
कुछ न समझे, ख़ुदा करे कोई

न सुनो, गर बुरा कहे कोई
न कहो, गर बुरा करे कोई

रोक लो, गर ग़लत चले कोई
बख्श [5] दो, गर ख़ता करे कोई

कौन है, जो नहीं है हाजतमन्द[6]
किसकी हाजत[7] रवा[8] करे कोई

क्या किया ख़िज्र[9] ने सिकन्दर से
अब किसे रहनुमा[10] करे कोई

जब तवक़्क़े[11] ही उठ गयी 'ग़ालिब'
क्यों किसी का गिला करे कोई

---

1. मरियम का बेटा 2. संवैधानिक और असंवैधानिक 3. निर्भरता 4. वहां 5. क्षमा करना 6. ज़रूरतमन्द 7. आवश्यकता 8. पूर्ण 9. संसार 10. पथ-प्रदर्शक 11. उम्मीद।

(91)

इशरते-क़तरा[1] है, दरिया में फ़ना[2] हो जाना
दर्द का हद से गुज़रना, है दवा हो जाना

तुझसे क़िस्मत में मेरी सूरते-क़ुफ़्ले-अबजद[3]
था लिखा, बात के बनते ही जुदा हो जाना

दिल हुआ कशमकशे-चारा-ए-ज़हमत[4] में तमाम
मिट गया, घिसने में इस उक़्दे[5] का वा[6] हो जाना

अब जफ़ा से भी हैं महरूम हम अल्लाह-अल्लाह
इस क़दर दुश्मने-अर्बाबे-वफ़ा[7] हो जाना

ज़ोफ़[8] से गिरिया[9] मुबद्दल[10] व दमे-सर्द[11] हुआ
बावर[12] आया हमें पानी का हवा हो जाना

दिल से मिटना, तेरी अंगुश्ते-हिनाई[13] का ख़याल
हो गया गोश्त से नाख़ुन का जुदा हो जाना

है मुझे अब्रे-बहारी[14] का बरस कर खुलना
रोते-रोते ग़मे-फ़ुर्क़त[15] में फ़ना हो जाना

बख़्शे हैं जलवए-गुल ज़ौक़े-तमाशा[16] 'ग़ालिब'
चश्म को चाहिए हर रंग मैं वा हो जाना

---

1. बूंद का ऐश्वर्य 2. नष्ट 3. ताले के सदृश्य 4. दुःख-हरण की चेष्टा 5. गांठ 6. खुला होना 7. चाहने वालों का दुश्मन 8. निर्बलता 9. रुदन 10. परिणत 11. ठण्डी आह 12. विश्वास 13. मेंहदी लगी उंगली 14. बरसात के बादल 15. विरह का दुःख 16. तमाशे की निर्बलता।

(92)

इश्क़ मुझको नहीं, वहशत[1] ही सही
मेरी वहशत तेरी शोहरत ही सही

क़त्आ[2] कीजै न तअल्लुक़[3] हमसे
कुछ नहीं है, तो अदावत[4] ही सही

मेरे होने में है क्या रुस्वाई
ऐ वो मजलिस[5] नहीं, ख़िलवत[6] ही सही

हम भी दुश्मन तो नहीं हैं अपने
ग़ैर को तुझसे मुहब्बत ही सही

हम कोई तर्के-वफ़ा[7] करते हैं
न सही इश्क़, मुसीबत ही सही

कुछ तो दे ऐ फ़लक-ए-नाइंसाफ़[8]
आहो-फ़रियाद की रुख़सत[9] ही सही

हम भी तस्लीम[10] की ख़ू[11] डालेंगे
बेनियाज़ी[12] तेरी आदत ही सही

यार से छेड़ चली जाए 'असद'
गर नहीं वस्ल, तो हसरत ही सही

---

1. पागलपन 2. विच्छेद 3. सम्बन्ध 4. दुश्मनी 5. सभा 6. एकान्त 7. प्रणय-विच्छेद 8. अन्याय करने वाला आकाश 9. विदा 10. मान लेना 11. आदत 12. उपेक्षा।

(93)

कहूं जो हाल, तो कहते हो मुद्दआ कहिये
तुम्हीं कहो कि जो तुम यूं कहो, तो क्या कहिये

न कहियो तान से फिर तुम कि हम सितमगर हैं
मुझे तो ख़ू है कि जो कुछ कहो, बजा कहिये

वो नेश्तर[1] सही, पर दिल में जब उतर जावे
निगाहे-नाज़[2] को फिर क्यूं न आश्ना कहिये

नहीं ज़रिया-ए-राहत ज़राहते-पैकां[3]
वो ज़ख़्मे-तेग़ है, जिसको कि दिलकुशा कहिये

जो मुद्दई बने, उसके न मुद्दई बनिये
जो नासज़ा[4] कहे, उसको न नासज़ा कहिये

रहे न जान, तो क़ातिल को ख़ूं-बहा[5] दीजै
कटे जुबान, तो खंजर को मरहबा कहिये

नहीं निगार[6] को उल्फ़त न हो, निगार तो है
रवानी-ए-रविश-ओ-मस्ती-ए-अदा[7] कहिये

नहीं बहार को फुर्सत न हो, बहार तो है
तरावते-चमन-ओ-ख़ूबी-ए-हवा कहिये

सफ़ीना[8] जब कि किनारे पे आ लगा 'ग़ालिब'
ख़ुदा से क्या सितम-ओ-जोरे-नाख़ुदा[9] कहिये

---

1. कांटा या नुकीला अस्त्र 2. घायल को आराम 3. तीर का घाव 4. अनुचित 5. रक्त का मूल्य 6. सुन्दर 7. मन्थर गति व अदाओं की मस्ती 8. नाव 9. विपत्ति व नाविक की दुष्टता।

(94)

कोई दिन गर ज़िन्दगानी और है
अपने जी में हमने ठानी और है

आतिशे-दोज़ख़[1] में ये गरमी कहां
सोज़े-ग़म-हाए-निहानी[2] और है

बारहा[3] देखी हैं उनकी रंजिशें
पर कुछ अब के सरगिरानी[4] और है

दे के ख़त, मुंह देखता है नामाबर
कुछ तो पैग़ामे-ज़बानी[5] और है।

क़ात-ए-एमार[6] हैं अक्सर नुजूम[7]
वो बला-ए-आसमानी[8] और है

हो चुकी 'ग़ालिब' बलाएं सब तमाम
एक मर्गे-नागहानी[9] और है

---

1. नरक की अग्नि 2. आन्तरिक सन्ताप की जलन 3. प्रायः 4. क्रोध 5. मौखिक सन्देश 6. जान लेने वाले 7. सितारे 8. दैवी विपत्ति 9. बेकार की मृत्यु।

(95)

क्यों जल गया न ताबे-रुख़े-यार[1] देखकर
जलता हूं अपनी ताक़ते-दीदार[2] देखकर

आतिशपरस्त[3] कहते हैं अह्ले-जहां मुझे
सरगर्मे-नाला-हाए-शरर-बार[4] देखकर

क्या आबरू-ए-इश्क़, जहां आम हो जफ़ा
रुकता हूं तुमको बेसबब आज़ार[5] देखकर

आता है मेरे क़त्ल को पर जोशे-रश्क[6] से
मरता हूं उसके हाथ में तलवार देखकर

साबित हुआ है गरदने-मीना[7] पे ख़ूने-ख़ल्क़[8]
लरज़े है मौजे-मै[9] तेरी रफ़्तार देखकर

वा हसरता[10] कि यार ने खींचा सितम से हाथ
हमको हरीसे-लज़्ज़ते-आज़ार[11] देखकर

बिक जाते हैं हम आप मताए-सुख़न[12] के साथ
लेकिन अय्यार-तबा ख़रीदार[13] देखकर

इन आबलों[14] से पांव के घबरा गया था मैं
जी ख़ुश हुआ है, राह को पुरख़ार[15] देखकर

सर फोड़ना वो 'ग़ालिबे'-शोरीदा-हाल[16] का
याद आ गया मुझे, तेरी दीवार देखकर

---

1. प्रिय के मुख की चमक 2. दर्शन की शक्ति 3. अग्नि उपासक 4. चिनगारियां बरसाता 5. कष्ट में 6. ईर्ष्या की अधिकता 7. सुराही की गर्दन 8. संसार की हत्या 9. मदिरा की तरंग 10. अच्छा हुआ 11. कष्ट का लोभी 12. काव्य-रूपी धन 13. ख़रीदार की इच्छा 14. छाले 15. कांटों-भरी 16. परेशान हाल।

(96)

ग़म खाने में बोदा दिले-नाकाम बहुत है
यह रंज कि कम है मए-गुलफ़ाम[1] बहुत है

कहते हुए साक़ी से हया आती है, वरना
है यूं कि मुझे दुर्दे-तहे-जाम[2] बहुत है

न तीर कमां में है, न सैयाद कमीं में
गोशे में क़फ़स के मुझे आराम बहुत है

हैं अह्ले-ख़िरद[3] किस रविशे-ख़ास[4] पे नाज़ां
पाबस्तगि-ए-रस्मो-रहे-आम[5] बहुत है

ज़मज़म ही पे छोड़ो, मुझे क्या तौफ़े-हरम[6] से
आलूदा ब मै जामा-ए-एहराम बहुत है

है क़हर गर अब भी न बने बात कि उनको
इनकार नहीं और मुझे इबराम[7] बहुत है

ख़ूं हो के जिगर आंख से टपका नहीं ऐ मर्ग
रहने दे मुझे यां कि अभी काम बहुत है

होगा कोई ऐसा भी कि 'ग़ालिब' को न जाने
शाइर तो वो अच्छा है, प बदनाम बहुत है

---

1. गुलाबी शराब 2. जाम के तल में बैठी तलछट 3. तार्किकता को मानने वाले 4. विशेष ढंग 5. सामान्य रीति-रिवाज का बन्धन 6. काबे की परिक्रमा के समय पहना जाने वाला एक विशेष वस्त्र 7. कष्ट देना।

(97)

ग़म नहीं होता है आज़ादों को बेश-अज़-यक-नफ़स
बर्क़ से करते हैं रौशन-शमए-मातमख़ाना हम

महफ़िलें बरहम[1] करे हैं, गंजफ़ा-बाजे-ख़याल[2]
हैं वरक़-गरदानी[3]-ए-नैरंगे-यक-बुतख़ाना हम

बावुजूदे यक जहां हंगामा पैदाई[4] नहीं
हैं चिराग़ाने-शबिस्ताने दिले-परवाना हम

ज़ोफ़ से है, नै क़नाअत[5] से, ये तर्के-जुस्तजू
हैं वबाले-तकिया[6]-गाहे-हिम्मते-मर्दाना हम

दायमुल-हब्स[7] इसमें हैं लाखों तमन्नाएं 'असद'
जानते हैं सीना-ए-पुरख़ूं को ज़िन्दां ख़ाना हम

---

1. तितर-बितर 2. ताश खेलने का विचार 3. पृष्ठ उलटते रहना 4. उत्पत्ति 5. भाग्य-तुष्टि 6. विपत्ति 7. नित्य का विरोध।

(98)

कब वो सुनता है कहानी मेरी
और फिर वो भी ज़बानी मेरी

ख़लिशे-ग़म्ज़ए-ख़ूंरेज़ न पूछ
देख ख़ूंनाबा-फ़िशानी[1] मेरी

क्या बयां करके मेरा रोयेंगे यार
मगर आशुफ़्ता-बयानी[2] मेरी

हूं ज़ख़ुद-रफ्तए-बैदाए-ख़्याल[3]
भूल जाना है निशानी मेरी

मुत्तक़ाबिल[4] है मुक़ाबिल मेरा
रुक गया देख रवानी मेरी

क़द्रे-संगे-सरे-रह रखता हूं
सख्त-अरज़ां है गिरानी मेरी

गर्दे-बादे-रहे-बेताबी[5] हूं
सरसरे-शौक़[6] है बानी[7] मेरी

दहन उसका जो न मालूम हुआ
खुल गयी हेचमदानी[8] मेरी

कर दिया ज़ोफ़ ने आजिज़ 'ग़ालिब'
नंगे-पीरी[9] है जवानी मेरी

---

1. रक्त-प्रवाह 2. झूठ बोलना 3. कल्पना के जाल में खोया हुआ 4. संघर्ष के अयोग्य 5. व्याकुलता के मार्ग का बवण्डर 6. इच्छा-रूपी हवा की आंधी 7. आयोजक 8. कुछ न जानना 9. वृद्धावस्था को लज्जित करने वाली।

(99)

कभी नेकी भी उसके जी में गर आ जाये है मुझसे
जफ़ाएं करके अपनी याद, शरमा जाये है मुझसे

ख़ुदाया जज़्ब-ए-दिल की मगर तासीर उलटी है
कि जितना खेंचता हूं और खिंचता जाये है मुझसे

वो बदख़ू और मेरी दास्ताने-इश्क़-तूलानी[1]
इबारत मुख़्तसर, क़ासिद भी घबरा जाये है मुझसे

उधर वो बदगुमानी है, इधर यह नातवानी[2] है
न पूछा जाये है उससे, न बोला जाये है मुझसे

संभलने दे मुझे, ऐ नाउम्मीदी क्या क़यामत है
कि दामाने-ख़याले-यार[3] छूटा जाये है मुझसे

तकल्लुफ़ बरतरफ़ नज़्ज़ारगी[4] में भी सही, लेकिन
वो देखा जाये, कब यह ज़ुल्म देखा जाये है मुझसे

हुए हैं पांव ही पहले नबर्दे-इश्क़[5] में ज़ख़्मी
न भागा जाये है मुझसे, न ठहरा जाये है मुझसे

क़यामत है कि होवे मुद्दई का हमसफ़र 'ग़ालिब'
वो काफ़िर, जो ख़ुदा को भी न सौंपा जाये है मुझसे

---

1. लम्बी प्रणय-गाथा 2. निर्बलता 3. मित्र की कल्पना का दामन 4. दर्शन 5. प्रेम का संघर्ष।

(100)

फिर हुआ वक़्त कि हो बालकुशा[1] मौजे शराब[2]
दे बते मय[3] को दिल-ओ-दस्ते शना[4] मौजे शराब

पूछ मत वजहे-सियहमस्ति[5]-ए-अरबाबे-चमन[6]
साया-ए-ताक़[7] में होती है हवा मौजे शराब

है ये बरसात वो मौसम कि अजब क्या है अगर
मौजे-हस्ती[8] को करे फ़ैज़े-हवा[9] मौजे शराब

जिस क़दर रूहे-नबाती[10] है जिगर तश्ना-ए-नाज़[11]
दे है तस्कीं[12] बदमे-आबे बक़ा[13] मौजे शराब

बस कि दौड़े है रगे-ताक़[14] में ख़ूँ हो-हो कर
शहपरे-रंग[15] से है बालकुशा मौजे शराब

---

1. बाल खोले, 2. मदिरा की धारा, 3. मदिरापात्र, 4. हृदय-हाथ की शक्ति, 5. नशे में चूर होने का कारण, 6. माली, 7. अंगूर के बेल की छांव, 8. जीवन धारा, 9. वायु का आनन्द, 10. वनस्पति की आत्मा, 11. गर्वीली प्यास, 12. तसल्ली, 13. अमृत बूंद, 14. अंगूर की रग, 15. रंगीन पंख

(101)

मौज-ए-गुल1 से चराग़ाँ2 है गुज़रगाहे ख़्याल3
है तसव्वुर4 में जिबस5 जल्वानुमा मौजे शराब

नशे के पर्दे में है मह्वे6 तमाशा-ए-दिमाग़
बस कि रखती है सरे नश-ओ-नुमा7 मौजे शराब

एक आलम8 पे है तूफ़ानि-ए-कैफ़ीयते फ़स्ल9
मौज-ए-सब्ज़ा-ए-नौख़ेज़10 से ता मौजे शराब

शरहे11 हंगामा-ए-हस्ती12 है, ज़हे13 मौसमे गुल
रहबरे-क़तरा ब-दरिया14 है, खुशा15 मौजे शराब

होश उड़ते हैं मेरे जल्वा-ए-गुल16 देख 'असद'
फिर हुआ वक्त कि हो बालकुशा मौजे शराब

---

1. पुष्पलहर, 2. दीप उत्सव, 3. कल्पनाओं का रास्ता, 4. कल्पना, 5. अत्यधिक, 6. लीन, छुपा हुआ, 7. विकास, 8. स्थिति, 9. बसंतागमन की उमंग, 10. नवोदित हरियाली की बहार, 11. व्याख्या, 12. जीवन की चहल-पहल, 13. धन्य, 14. बूंद को नदी तक ले जाने वाला, 15. बहुत अच्छा, 16. फूल की बहार

(102)

दीवानगी से दोश[1] पे ज़ुन्नार[2] भी नहीं
यानी हमारे जेब में इक तार भी नहीं

दिल को नियाज़े[3] हसरते-दीदार[4] कर चुके
देखा तो हम में ताक़ते-दीदार[5] भी नहीं

मिलना तेरा अगर नहीं आसाँ तो सह्ल है
दुश्वार [6] तो यही है कि दुश्वार भी नहीं

बेइश्क़[7] उम्र कट नहीं सकती है और याँ
ताक़त बक़द्रे[8] लज़्ज़ते आज़ार[9] भी नहीं

शोरीदगी[10] के हाथ से है सर, वबाले-दोश[11]
सहरा में ऐ ख़ुदा कोई दीवार भी नहीं

---

1. कंधा, 2. जनेऊ, 3. आकांक्षा, 4. दशर्नेच्छा, 5. देखने की शक्ति 6. मुश्किलें, 7. बिना प्रेम, 8. अत्यधिक, 9. दुःखों का स्वाद, 10. जुनून, 11. कंधे की मुसीबत

(103)

गुंजाइशे अदावते अग़यार[1] इक तरफ़
याँ दिल में ज़ओफ़[2] से हवसे यार भी नहीं

डर नालाहाए ज़ार[3] से मेरे ख़ुदा को मान
आख़िर नवा-ए-मुर्ग़े गिरिफ़्तार[4] भी नहीं

दिल में है यार की सफ़े-मिज़्गाँ[5] से रूकशी[6]
हालाँकि ताक़ते ख़लिशे-ख़ार[7] भी नहीं

इस सादगी पे कौन न मर जाए ऐ ख़ुदा
लड़ते हैं और हाथ में तलवार भी नहीं

देखा 'असद' को ख़लवत-ओ-जलवत[8] में बारहा
दीवाना गर नहीं है तो हुशियार भी नहीं

---

1. दुश्मनी, 2. कमज़ोरी, 3. आर्तनाद, 4. कैद पक्षी का रुदन, 5. पलकों की पंक्ति, 6. सम्मुख, 7. काँटे की चुभन, 8. एकान्त एवं सभा

(104)

गिला है शौक़ को दिल में भी तंगि-ए-जा[1] का
गौहर[2] में मह्वे[3] हुआ इज़्तिराब[4] दरिया का

ये जानता हूँ कि तू और पासूख़े-मकतूब[5]
मगर सितमज़दा हूँ ज़ौक़े ख़ामाफ़र्सा[6] का

हिना-ए-पा-ए-ख़िज़ाँ[7] है, बहार अगर है यही
दवाम[8] क़ुल्फ़ते[9] ख़ातिर है ऐश दुनिया का

ग़मे-फिराक़[10] में तकलीफ़े सैरे बाग़[11] न दो
मुझे दिमाग़ नहीं ख़न्दाहाए-बेजा[12] का

हनोज़[13] मेहरमि-ए-हस्न को तरसता हूँ
करे है हर बुने मू,[14] काम चश्मे बीना[15] का

दिल उसको पहले ही नाज़-ओ-अदा से दे बैठे
हम में दिमाग़ कहाँ हुस्न के तकाज़ा का

न कह कि गिरिया[16] बमिक़्दारे[17] हसरते दिल है
मेरी निगाह में है जमूआ-ओ-ख़र्च[18] दरिया का

फ़लक को देख के, करता हूँ उसको याद 'असद'
जफ़ा में उसकी है अन्दाज़ कारफ़रमा[19] का

---

1. जगह की तंगी, 2. मोती, 3. लीन, 4. तड़प, 5. पत्रोत्तर, 6. लिखने की लत, 7. पतझड़ के पांव की मेहंदी, 8. हमेशा, 9. दुःख, क्लेश, 10. विरह-दुःख, 11. बाग में चहलकदमी, 12. अकारण हंसना, 13. अब तक, 14. केश राशि, 15. देख सकती आंख, 16. रुदन, 17. अत्यधिक, 18. उतार-चढ़ाव, 19. प्रियवर

(105)

मेहरम[1] नहीं है तु ही नवा-हाए राज़[2] का
याँ वर्ना जो हिजाब है, पर्दा है साज़ का

रंगे शिकस्त[3] सुब्हे बहारे नज़ारा है
ये वक़्त है शिगुफ़्ताने-गुल हाए नाज़[4] का

तू और सू-ए-ग़ैर[5] नज़र हाए तेज़-तेज़
मैं और दुःख तेरी मिज्गाँ हाए दराज़[6] का

सर्फ़[7] है ज़ब्ते-आह[8] में मेरा, वगर्ना मैं
तोअमा[9] हूँ एक ही नफ़्से जाँगुदाज़[10] का

हैं बस कि जोशे बादा[11] से शीशे उछल रहे
हर गोशा-ए-बिसाता[12] है सर शीशाबाज़[13] का

काविश[14] का दिल करे है तक़ाज़ा कि है हनोज़[15]
नाख़ून पे कर्ज़ उस गिरहे नीमबाज़ का

ताराज़े[16] काविशे ग़मे हिजराँ[17] हुआ 'असद'
सीना, कि था दफ़ीना गौहर-हाए राज़[18] का

---

1. मर्मज्ञ, 2. रहस्य-स्वर, 3. रंग का उड़ना, 4. अभिमानी फूलों की मुस्कान, 5. प्रतिद्वन्द्वी की ओर, 6. गहरी पलकें, 7. कंजूसी, 8. आहों पर नियन्त्रण, 9. लुकमा, कौर, 10. जानलेवा साँस, 11. मदिरा, 12. बिछावन का किनारा, 13. मदारी, 14. खोज, 15. अभी तक, 16.शृंगार, 17. वियोग का दुःख, 18. मोतियों का रहस्य

(106)

वारस्ता[1] इससे हैं कि मुहब्बत ही क्यूँ न हो
कीजे हमारे साथ, अदावत ही क्यूँ न हो

छोड़ा न मुझमें ज़ओफ़ ने रंग इख़्तिलात[2] का
है दिल पे बार, नक़्शे मुहब्बत ही क्यूँ न हो

है मुझको तुझसे तज़किरा-ए-ग़ैर[3] का गिला
हरचन्द बर सबीले[4] शिकायत ही क्यूँ न हो

पैदा हुई है, कहते हैं, हर दर्द की दवा
यूँ हो, तो चारा-ए-ग़मे उल्फ़त[5] ही क्यूँ न हो।

डाला न बेकसी ने किसी से मुआमला
अपने से खेंचता हूं, ख़जालत[6] ही क्यूँ न हो

---

1. आजाद, 2. मेल-जोल, 3. ग़ैर की चर्चा, 4. बारे में, सिलसिले में, 5. प्रेम-दुःख का उपचार, 6. निन्दनीय, लज्जाजनक

(107)

है आदमी बजाए ख़ुद इक महशरे ख़्याल[1]
हम अंजुमन[2] समझते हैं, ख़लवत[3] ही क्यूँ न हो

हंगामा-ए-ज़बूनि-ए-हिम्मत[4] है इन्फ़आल[5]
हासिल न कीजे दह्र[6] से, इबरत[7] ही क्यूँ न हो

वारस्तगी[8] बहाना-ए-बेगानगी नहीं
अपने से कर, न ग़ैर से, वहशत ही क्यूँ न हो

मिटता है फ़ौते फुर्सते हस्ती[9] का गम कोई
उम्रे-अज़ीज़[10] सफ़े-इबादत[11] ही क्यूँ न हो

उस फ़ित्ना-खूं[12] के दर से अब उठते नहीं 'असद'
इसमें हमारे सर पे क़यामत ही क्यूँ न हो

---

1. प्रलय की कल्पना, 2. सभा, महफिल, 3. एकान्त, 4. बुरा साहस, 5. शर्मनाक, 6. संसार, 7. शिक्षाप्रद, 8. मुक्ति, छुटकारा, 9. जीवन-अवकाश का अन्त, 10. प्रिय आयु, 11. प्रार्थनालीन, 12. उपद्रवी प्रेमी

(108)

गर न अन्दोहे[1] शबे फ़ुर्क़त बयाँ हो जाएगा
बे तक़ल्लुफ़ दाग़े-मेह[2], मुहरे दहाँ[3] हो जाएगा

ज़हरा गर ऐसा ही शामे हिज्र में होता है आब[4]
परतवे महताब[5] सैले-ख़ानमाँ[6] हो जाएगा

ले तो लूँ सोते में उसके पाँव का बोसा मगर
ऐसी बातों से वो काफ़िर बदगुमाँ हो जाएगा

दिल को हम सर्फ़े वफ़ा[7] समझे थे ये क्या मालूम था
यानी ये पहले ही नज़्रे इम्तिहाँ हो जाएगा

सबके दिल में है जगह तेरी, जो तू राज़ी हुआ
मुझ पे, गोया इक ज़माना मेहरबाँ हो जाएगा

---

1. पीड़ा, 2. चन्द्र दाग़, 3. मुंह की मुहर, 4. पानी 5. चन्द्र-छवि, 6. बाढ़, 7. प्रेम निर्वाह

(109)

गर निगाहे गर्म फ़रमाती रही तालीमे ज़ब्त[1]
शोला ख़स[2] में जैसे, लूँ रग में निहाँ[3] हो जाएगा

बाग़ में मुझको न लेजा, वर्ना मेरे हाल पर
हर गुले तर, एक चश्मे खू फ़िशाँ[4] हो जाएगा

वाए! गर मेरा तेरा इन्साफ़ महशर में न हो
अब तलक तो ये तवक़्क़ो है कि वाँ हो जाएगा

फ़ायदा क्या, सोच आख़िर, तू भी दाना[5] है 'असद'
दोस्ती नादाँ की है, जी का ज़ियाँ[6] हो जाएगा

---

1. सहन शिक्षा, 2. राख, 3. छिपा हुआ, 4. खून रोती आंखें, 5. बुद्धिमान, 6. नुकसान

(110)

तू दोस्त किसी का भी, सितमगर न हुआ था
औरों पे है वो ज़ुल्म कि मुझ पर न हुआ था

छोड़ा महे नख़शब[1] की तरह दस्ते क़ज़ा[2] ने
ख़ुरशीद[3] हनोज़[4] उसके बराबर न हुआ था

तौफ़ीक़ ब अंदाज़ा-ए-हिम्मत[5] है अज़ल से
आँखों में है वो क़तरा, कि गौहर[6] न हुआ था

जब तक कि न देखा था क़दे यार का आलम
मैं मोतक़िदे[7] फ़ित्ना-ए-महशर[8] न हुआ था

मैं सादा दिल आज़ुर्दगी-ए-यार[9] से ख़ुश हूँ
यानी सबक़े-शौक़ मुक़र्रर[10] न हुआ था

दरिया-ए-मआसी[11] तुनुकआबी[12] से हुआ ख़ुश्क
मेरा सरे दामन भी अभी तर न हुआ था

ज़ारी थी 'असद' दाग़े जिगर से मेरी तहसील[13]
आतिशकदा[14] जागीरे समुन्दर न हुआ था

---

1. नख़शब नामक वैज्ञानिक द्वारा छोड़ा गया चाँद, 2. मरण-हस्त, 3. सूर्य, 4. अब तक, 5. साहसानुसार, 6. मोती, 7. आस्थावान, 8. प्रलय स्थल का उपद्रव, 9. मित्र की उदासीनता, 10. दोबारा, 11. पाप सागर, 12. पानी की कमी, 13. प्राप्य, 14. अग्निशाला

(111)

इश्क़ मुझको नहीं, वहशत ही सही
मेरी वहशत, तेरी शोहरत ही सही

क़त्अ[1] कीजे न तअल्लुक़ हमसे
कुछ नहीं है, तो अदावत ही सही

मेरे होने में है क्या रुसवाई
ऐ वो मजलिस[2] नहीं, ख़लवत ही सही

हम भी दुश्मन तो नहीं हैं अपने ग़ैर को तुझसे मुहब्बत ही सही

अपनी हस्ती ही से हो, जो कुछ हो
आगही[3] गर नहीं, ग़फ़लत[4] ही सही

---

1. तोड़ देना, 2 गोष्ठी, 3. चेतना, 4 अवचेतना

(112)

उम्र हरचन्द के है बर्क़े-ख़िराम[1]
दिल के ख़ूँ करने की फ़ुर्सत ही सही

हम कोई तर्क़े वफ़ा करते हैं
न सही इश्क़, मुसीबत ही सही

कुछ तो दे ऐ फ़लके नाइन्साफ़[2]
आह-ओ-फ़रियाद[3] की रुख़्सत ही सही

हम भी तसलीम की ख़ू[4] डालेंगे
बेनियाज़ी[5] तेरी आदत ही सही

यार से छेड़ चली जाए 'असद'
गर नहीं वस्ल, तो हसरत ही सही

---

1. धीमी-धीमी बिजली, 2. निर्दयी आकाश, 3. आर्तनाद, 4. आदत, 5. उपेक्षा करना

(113)

धमकी में मर गया जो न बाबे नबर्द[1] था
इश्क़े नबर्द पेशा, तलबगारे मर्द था

था ज़िन्दगी में मर्ग[2] का खटका लगा हुआ
उड़ने से पेशतर भी मेरा रंग ज़र्द था

तालीफ़े[3] नुस्ख़ाहाए वफ़ा[4] कर रहा था मैं
मजमूआ-ए-ख़्याल[5] अभी फ़र्द-फ़र्द[6] था

दिल ता जिगर के साहिले दरिया-ए-ख़ूँ[7] है अब
इस रहगुज़र में जल्वा-ए-गुल[8], आगे गर्द था

जाती है कोई कशमकश अन्दोहे इश्क़[9] की
दिल भी अगर गया तो वो ही दिल का दर्द था

अहबाब[10] चारासाज़ि-ए-वहशत[11] न कर सके
ज़िन्दाँ[12] में भी ख़्याल बयाबाँ नबर्द था

ये लाशे-बेकफ़न 'असद' ख़स्ता जाँ की है
हक़ मग़फ़िरत[13] करे अजब आज़ाद मर्द था

---

1. लड़ने योग्य, 2. मौत, 3. सम्पादन, 4. प्रेम-पुस्तक, 5. कल्पनाओं का संग्रह, 6. तितर-बितर, 7. रक्त-नदिया, 8. फूतों की झलक, 9. प्रेम-दुःख, 10. मित्रगण, 11. उन्माद का उपचार, 12. कैद, 13. मोक्ष, मुक्ति

(114)

वो मेरी चीने जबीं[1] से ग़मे पिन्हाँ समझा
राज़े मकतूब[2] बा बेरब्ति-ए-उन्वाँ[3] समझा

इक अलिफ़ बेश नहीं सैक़ले[4] आईना हनोज़
चाक करता हूँ, मैं जबसे कि गरेबाँ[5] समझा

शरहे असबाबे[6] गिरिफ्तारि-ए-ख़ातिर[7] मत पूछ
इस क़दर तंग हुआ दिल कि मैं ज़िन्दा समझा

बदगुमानी ने न चाहा उसे सरगर्मे ख़िराम[8]
रुख़ पे हर क़तरा अरक़ दीद-ए-हैराँ समझा

अज्ज़[9] से अपने ये जाना कि वो बदख़ू होगा
नब्ज़े ख़स[10] से तपिश शोला-ए-सोज़ाँ[11] समझा

सफ़रे इश्क़ में की ज़ओफ़[12] ने राहत तलबी
हर क़दम साये को मैं अपना शबिस्ताँ[13] समझा

था गुरेज़ाँ[14] मिज़गाँ-ए-यार[15] से दिल, तादमे मर्ग[16]
दफ़ूअ-ए-पैकाने क़जा[17] इस क़दर आसाँ समझा

दिल दिया जान के क्यूँ उसको वफादार 'असद'
ग़लती की कि जो काफ़िर[18] को मुसलमाँ समझा

---

1. माथे का बल, 2. पत्र का रहस्य, 3. शीर्षक-विषय की क्रमहीनता, 4. माँझना, 5. कुर्ते का अग्रभाग, 6. व्याख्या का कारण, 7. मन की कैद, 8. चलते रहना, 9. नम्रता, 10. घास-नाड़ी, 11. लपलपाती लौ, 12. दुर्बलता, 13. शयन कक्ष, 14. घृणित, 15. मित्र का पलकें, 16. मृत्यु पर्यन्त, 17. मृत्यु के तीर की नोक, 18. नास्तिक

(115)

हर कदम दूरी-ए-मंज़िल है नुमायाँ[1] मुझसे
मेरी रफ़्तार से भागे है बयाबाँ मुझसे

दर्से उन्वाने तमाशा[2] बातग़ाफुल[3] ख़ुशतर[4]
है निगह रिश्ता-ए-शीराज़ा-ए-मिज़गाँ[5] मुझसे

वहशते आतिशे दिल[6] से शबे तनहाई में
सूरते दूद[7] रहा साया गुरेज़ाँ मुझसे

ग़मे उश्शाक़[8] न हो सादगी आमोज़े बुताँ[9]
किस क़दर ख़ाना-ए-आईना[10] है वीराँ मुझसे

असरे आब्ला[11] से जादा-ए-सहरा-ए-जुनूँ[12]
सूरते रिश्ता-ए-गौहर[13] है चराग़ाँ मुझसे

---

1. परिचित, 2. खेल-शीर्षक की शिक्षा, 3. उपेक्षित, 4. हर्षित, 5. बिखरी पलकों को सी देने वाला धागा, 6. हृदय-तपिश का भय, 7. धुएं की तरह, 8. प्रियवर का दुःख, 9. प्रिय प्रशिक्षक, 10. दर्पण गृह, 11. छाले, 12. जंगल-राह का उन्माद, 13. मोतियों जैसा

(116)

बेख़ुदी बिस्तरे तम्हीदे फ़राग़त[1] हो जो
पुर है साए की तरह मेरा शबिस्ताँ[2] मुझसे

शौक़े दीदार में गर तू मुझे गर्दन मारे
हो निगह मिस्ले गुले शमूअ परीशाँ मुझसे

बेकसी हाए शबे हिज्र की वहशत है ये
साया ख़ुरशीदे क़यामत[3] में है पिन्हाँ मुझसे

गर्दिशे साग़रे सद[4] जल्वा-ए-रंगी तुझसे
आईना दारि-ए-यक दीद-ए-हैराँ[5] मुझसे

निगहे गर्म से इक आग टपकती है 'असद'
है चराग़ाँ ख़स-ओ-ख़ाशाके गुलिस्ताँ[6] मुझसे

---

1. अवकाश का उपक्रम, 2 रात्रि-गृह, 3. प्रलयावसर का सूर्य, 4. सौ मदिरापात्रों की हलचल, 5. चकित होना, 6. उद्यान का कूड़ा-कचरा जलना

(117)

अर्ज़े नियाज़े इश्क़[1] के क़ाबिल नहीं रहा
जिस दिल पे नाज़ था मुझे, वो दिल नहीं रहा

जाता हूँ दाग़े हसरते हस्ती लिये हुए
हूँ शम्अ-ए-कुश्ता[2], दरखुरे महफ़िल[3] नहीं रहा

मरने की ऐ दिल और ही तदबीर कर कि मैं
शायाने दस्त[4]-ओ-बाजू-ए-कातिल[5] नहीं रहा

बा रू-ए-शश ज़िहत[6] दरे आईनाबाज़[7] है
याँ इम्तियाज़े[8] नाक़िस-ओ-कामिल[9] नहीं रहा

वा[10] कर दिए हैं शौक़ ने बंदे नक़ाबे हुस्न
ग़ैर अज़ निगाह[11] अब कोई हाइल[12] नहीं रहा

गो मैं रहा रहीने सितम हाए रोज़गार[13]
लेकिन तेरे ख़्याल से ग़ाफ़िल नहीं रहा

दिल से हवा-ए-क़िश्ते वफ़ा[14] मिट के वाँ
हासिल, सिवाए हसरते हासिल नहीं रहा

बेदादे इश्क़[15] से नहीं डरता मगर 'असद'
जिस दिल पे नाज़ था मुझे वो दिल नहीं रहा,

---

1. प्रेमाभिव्यक्ति, 2. बुझता दीपक, 3. सभा के योग्य, 4. हाथों के योग्य, 5. हत्यारे की बांह, 6. आकाश-धारा के मुख पर, 7. पारदर्शी, 8. भेद, 9. पूर्णापूर्ण, 10. खुला हुआ, 11. देखने के अलावा, 12. बाधक, 13. सांसारिक अत्याचार, 14. प्रतिज्ञा पालन की खेती, 15. प्रेमात्याचार

(118)

फिर मुझे दीद-ए-तर[1] याद आया
दिल, जिगर तश्ना-ए-फ़रियाद[2] आया

दम लिया था न क़यामत[3] ने हनोज़
फिर तेरा वक़्ते सफ़र याद आया

सादगी हाए तमन्ना यानी
फिर वो नैरंगे नज़र[4] याद आया

उज़्रे[5] वामान्दगी[6] ऐ हसरते दिल
नाला[7] करता था, जिगर याद आया

ज़िन्दगी यूँ भी गुज़र ही जाती
क्यूँ तेरा राहगुज़र याद आया

---

1. नीर भरी आंखें, 2. आर्तनाद की प्यास, 3. प्रलय, 4. दृष्टि का इन्द्रजाल, 5. बहाना, 6. शिथिलता, 7. रुदन

(119)

क्या ही रिज़वाँ[1] से लड़ाई होगी
घर तेरा ख़ुल्द[2] में गर याद आया

आह वो ज़ुरअते फ़रियाद[3] कहाँ
दिल से तंग आके जिगर याद आया

फिर तेरे कूचे को जाता है ख़्याल
दिले गुम ग़श्ता[4] मगर याद आया

कोई वीरानी सी वीरानी है
दश्त[5] को देख के घर याद आया

मैंने मजनूँ पे लड़कपन में, 'असद'
संग[6] उठाया था कि सर याद आया

---

1. स्वर्गाध्यक्ष, 2. स्वर्ग, 3. चीखने-चिल्लाने का साहस, 4. खोया हुआ हृदय, 5. जंगल, 6. पत्थर

(120)

दोस्त, ग़मख्वारी[1] में मेरी, सई[2] फरमावेंगे क्या
जख्म के भरने तलक, नाख़ुन न बढ़ जावेंगे क्या

बेनियाज़ी[3] हद से गुज़री, बन्दा परवर, कब तलक
हम कहेंगे हाले दिल और आप फ़रमावेंगे क्या

हज़रते नासेह[4] गर आवें, दीद-ओ-दिल फ़र्शेराह[5]
कोई मुझको ये तो समझा दो कि समझावेंगे क्या

आज वाँ तेग़-ओ-कफ़न[6] बाँधे हुए जाता हूँ मैं
उज़्र[7] मेरे क़त्ल करने में वो अब लावेंगे क्या

गर किया नासेह ने हमको क़ैद, अच्छा, यूँ सही
ये जुनूने इश्क़ के अन्दाज़ छुट जावेंगे क्या

ख़ाना ज़ादे ज़ुल्फ़[8] हैं, जंजीर से भागेंगे क्यूँ
हैं गिरिफ्तारे वफ़ा, ज़िन्दाँ[9] से घबरावेंगे क्या

है अब इस मामूरे[10] में कहते-ग़मे-उल्फ़त[11] 'असद'
हमने ये माना कि दिल्ली, में रहें, खावेंगे क्या

---

1. सहानुभूति, 2. सहायता, 3. उपेक्षा, 4. धर्म-उपदेशक महोदय, 5. आँख और हृदय का स्वागत स्थल, 6. चाकू और क़फ़न, 7. बहाना, 8. केश राशि का बन्दी, 9. कैद, 10. बस्ती, आबादी, 11. प्रणय-दुःख का अकाल

(121)

रफ़्तारे उम्र, क़त्अ-ए-रहे इज़्तिराब[1] है
इस साल के हिसाब को बर्क़ आफ़ताब है

मीना-ए-मय[2] है सरो[3], निशाते बहार[4] से
बाले तदरू[5] जल्वा-ए-मौजे शराब है

ज़ख़्मी हुआ है पाश्ना[6] पा-ए-सबात[7] का
न भागने की गौं[8] न इक़ामत[9] की ताब[10] है

जादादे बादा नोशि-ए-रिन्दाँ[11] है शश जिहत[12]
ग़ाफ़िल नुमाँ[13] करे है कि गेती[14] ख़राब है

नज़्ज़ारा क्या हरीफ़[15] हो उस बर्क़े हुस्न[16] का
जोशे बहार, जल्वे को जिसके नक़ाब है

मैं नामुराद दिल की तसल्ली को क्या करूँ
माना कि तेरे रुख़ से निगह कामयाब है

गुज़रा 'असद' मसर्रते पैग़ामे यार[17] से
क़ासिद[18] पे मुझको रश्के सवाल-ओ-जवाब है

---

1. व्याकुलता की राह काटना, 2. मदिरापात्र, 3. सरो नामक पौथा, 4. बसन्तानन्द, 5. तदरू नामक ईरानी पक्षी के पंख, 6. एड़ी, 7. रुके हुए पाँव, 8. इच्छा, 9. स्थायित्व, 10. सहनशक्ति, 11. शराब प्रबंध हेतु मुद्रा, 12. हर तरफ, 13. वहम करना, 14. संसार, 15. दुश्मन, 16. बिजली का सौंदर्य, 17. मित्र-संदेश का हर्ष, 18. पत्रवाहक

(122)

जिस जा[1] नसीम[2] शानाक़शे ज़ुल्फ़े यार[3] है
नाफ़ा[4], दिमाग़े आहू[5]-ए-दश्ते ततार[6] है

किसका सुराग़े जल्वा है हैरत को ऐ ख़ुदा
आईना फ़र्शे शश ज़िहते इन्तिज़ार[7] है

है ज़र्रा-ज़र्रा तंगि-ए-जा[8] से ग़ुबारे शौक़
गर दाम ये है, वुसअते सहरा[9] शिकार है

दिल मुद्दई[10]-ओ-दीद बना, मुद्दआ अलैह[11]
नज़्ज़ारे का मुक़द्दमा फिर रू बक़ार[12] है

छिड़के है शबनम आईना-ए-बर्गे गुल[13] पर आब
ऐ अन्दलीब[14] वक़्ते विदा-ए-बहार है

---

1. जगह, स्थान, 2. हवा 3. प्रेमिका के बाल सँवारना, 4. मृग-नाभि, 5. हिरन, 6. मध्य एशिया, 7. प्रतीक्षा का संसार-पथ, 8. स्थान की कमी, 9. जंगल का विकास, 10. वादी, एक पक्ष, 11. प्रतिवादी, 12. सुनवाई, 13. पुष्प दर्पण, 14. बुलबुल

(123)

पच[1] आ पड़ी है वादा-ए-दिलदार की मुझे
वो आए या न आए, पे याँ इन्तिज़ार है

बेपर्दा सू-ए-वादि-ए-मजनूँ[2] गुज़र न कर
हर ज़र्रे के नक़ाब में दिल बेक़रार है

ऐ अन्दलीब! यक कफ़े ख़स बहरे आशियाँ
तूफ़ाने आमद[3] आमदे फ़स्ले बहार है

दिल मत गँवा ख़बर न सही, सैर ही सही
ऐ बेदिमाग़! आईना तिमसालदार[4] है

ग़फ़लत कफ़ीले उम्र[5] ओ 'असद' ज़ामिने-निशात[6]
ऐ मर्गे नागहाँ[7] तुझे क्या इन्तिज़ार है

---

1. हठधर्मी, 2. मजनूँ-घाटी की ओर, 3. तूफानागमन, 4. चित्रकार, 5. आयु का पोषक, 6. हर्ष की अनुभूति, 7. आकस्मिक मृत्यु

(124)

एक जा हर्फ़े वफ़ा लिखा था, सो भी मिट गया
ज़ाहिरा काग़ज़ तेरे ख़त का ग़लत बरदार[1] है

जी जले ज़ौक़े फ़ना की नातमामी[2] पर न क्यूँ
हम नहीं जलते, नफ़स हरचन्द आतिशबार है

आग से, पानी में बुझते वक़्त उठती है सदा
हर कोई दरमान्दगी[3] में नाले से नाचार है

है वो ही बदमस्ति-ए-हर ज़र्रे का ख़ुद उज़्रख़्वाह[4]
जिसके जल्वे से ज़मीं ता आसमां सरशार[5] है

मुझसे मत कह, तू हमें कहता था अपनी ज़िन्दगी
ज़िन्दगी से भी मेरा जी इन दिनों बेज़ार है

आँख की तसवीर सरनामे[6] पे खेंची है कि ता
तुझ पे ख़ुल जावे कि इसको हसरते दीदार है

---

1. मिटा देने वाला, 2. असफलता, 3. कष्ट, 4. क्षमा याचक, 5. परिपूर्ण, 6. लिफाफा

(125)

न गुले ऩग्मा[1] हूँ न पर्दा-ए-साज़
मैं हूँ अपनी शिकस्त की आवाज़

तू और आराइशे ख़मे क़ाकुल[2]
मैं और अन्देशा हाए दूर-ओ-दराज़[3]

लाफ़े तमकीं[4] फ़रेबे सादा दिली
हम हैं और राज़ हाए सीना गुदाज़[5]

हूँ गिरिफ़्तारे उल्फ़ते सैय्याद
वर्ना बाक़ी है ताक़ते परवाज़[6]

वो भी दिन हो कि उस सितमगर से
नाज़ खेंचूँ, बजाय हसरते नाज़

---

1. फूलों की सरसराहट, 2. घूँघर वाले बाल, 3. पूर्ण शंका, 4. सहनशक्ति का साहस, 5. भरपूर छाती, 6. उड़न शक्ति

(126)

नहीं दिल में मेरे वो क़तरा-ए-ख़ूँ[1]
जिससे मिज़्गाँ[2] हुई न हो ग़ुलबाज़[3]

ऐ तेरा ग़म्ज़ा[4], यक क़लम अंगेज़[5]
ऐ तेरा ज़ुल्म, सरबसर[6] अन्दाज़

तू हुआ जल्वागर[7], मुबारक हो
रेज़िशे सिज्दा-ए-जबीने नियाज़[8]

मुझको पूछा तो कुछ ग़ज़ब न हुआ
मैं गरीब और तू ग़रीब नवाज़

'असद उल्ला ख़ाँ' तमाम हुआ
ऐ दरेग़ा[9] वो रिन्दे शाहिदबाज़[10]

---

1. खून की बूँद, 2. पलक, 3. फूलों से खेलना, 4. नखरा, 5. सहनशक्ति, 6. सर से पाव तक, 7. प्रकट होना, 8. श्रद्धायुक्त, 9. खेद, 10. गवाही देने वाला

(127)

आह को चाहिए इक उम्र असर होने तक
कौन जीता है तेरी ज़ुल्फ़ के सर होने तक

दामे हर मौज[1] में है हल्का-ए-सदकामे निहंग[2]
देखें क्या गुज़रे है क़तरे पे गुहर[3] होने तक

आशिकी सब्र तलब[4] और तमन्ना बेताब
दिल का क्या रंग करूँ ख़ूने जिगर होने तक

हमने माना कि तग़ाफुल[5] न करोगे, लेकिन
ख़ाक हो जाएँगे हम, तुमको ख़बर होने तक

परतवे ख़ूर[6] से है शबनम को फ़ना की तालीम
मैं भी हूँ एक इनायत की नज़र होने तक

इक नज़र बेश[7] नहीं फ़ुर्सते हस्ती ग़ाफ़िल[8]
गर्मि-ए-बज़्म[9] है इक रक्से शरर[10] होने तक

ग़मे हस्ती का 'असद' किससे हो जुज़[11] मर्ग[12], इलाज
शम्अ हर रंग में जलती है सहर होने तक

---

1. लहरों की कैद, 2. मगरमच्छों का खुला जबड़ा, 3. मोती, 4. धैर्यपूर्ण, 5. उपेक्षा, 6. सूर्यकिरण, 7. नज़र का आधिक्य, 8. उपेक्षित, उन्मादित, बेख़बर, 9. सभा की रौनक, 10. चिंगारी का नृत्य, 11. सिवाय, 12. मौत

(128)

मज़े जहान के अपनी नज़र में ख़ाक नहीं
सिवाए ख़ूने जिगर, सो जिगर में ख़ाक नहीं

मगर ग़ुबार हुए पर हवा उड़ा ले जाए
वगर्ना ताब-ओ-तन्वां[1] बाल-ओ-पर[2] में ख़ाक नहीं

ये किस बहिश्त शमाइल[3] की आमद-आमद है
कि ग़ैरे जल्वा-ए-गुल[4], रहगुज़र में ख़ाक़ नहीं

भला उसे न सही, कुछ मुझी को रह्म आता
असर मेरे नफ़से बेअसर[5] में ख़ाक नहीं

ख़्याले जल्वा-ए-गुल से ख़राब हैं मयकश[6]
शराबख़ाने के दीवार-ओ-दर में ख़ाक नहीं

हुआ हूँ इश्क़ की ग़ारतगरी[7] से शरमिंदा
सिवाए हसरते तअमीर[8], घर में ख़ाक नहीं

हमारे शे'र हैं अब सिर्फ दिल्लगी के 'असद'
खुला कि फ़ायदा अर्ज़े हुनर[9] में ख़ाक नहीं

---

1. सहनशक्ति, 2. पंख और बाल, 3. स्वर्ग जैसी सुन्दर छवि, 4. पुष्प-दृश्य, 5. प्रभावहीन साँस, 6. शराबी, 7. बरबादी, 8. निर्माणाभिलाषी, 9. काव्य कला

(129)

नहीं है ज़ख़्म कोई बख़िए के दरख़ूर[1] मेरे तन में
हुआ है तारे अश्के यास[2] रिश्ता चश्मे सोज़न[3] में

हुई है मअने ज़ौक़े तमाशा[4] ख़ाना-वीरानी[5]
कफ़े सैलाब[6] बाक़ी है, बरंगे पंबा[7] रौज़न[8] में

वदीअत ख़ाना-ए-बेदादे[9] काविश हाए मिज़्गाँ हूँ
नगीने नामे शाहिद[10] है मेरे, हर क़तरा ख़ूँ तन में

बयाँ किससे हो ज़ुल्मत गुस्तरी[11] मेरे शबिस्ताँ की
शबे मह[12] हो, जो रख दे पंबा[13] दीवारों के रौज़न में

निकोहिश[14], मअने-ए-बेरब्ति-ए-शोरे जुनूँ[15] आई
हुआ है ख़ंदा-ए-अहबाबा[16], बख़िया जेब-ओ-दामन में

---

1. सिलने योग्य, 2. दुखित आँसुओं का तार, 3. सुई की नोक जैसी आँखें, 4. तमाशा देखने की रुचि, 5. उजाड़, 6. बाढ़, 7. कपास, रुई, 8. छेद, 9. धरोहर-गृह का अत्याचार, 10. प्रिय के नाम का नगीना, 11. अंधकार, 12. चाँदनी रात, 13. कपास जैसी, 14. निन्दा करना, 15. उन्माद की अवरुद्धता, 16. मित्रगण की हँसी

(130)

हुए उस मेह्र वश[1] के जल्वा-ए-तिमसाल[2] के आगे
परअफ़्शाँ जौहर[3] आईने में, सिस्ले ज़र्रा[4] रौज़न में

न जानूँ नेक हूँ या बद हूँ, पर सोहबत मुख़ालिफ़ है
जो गुल हूँ तो हूँ गुलख़न[5] में, जो ख़स[6] हूँ तो हूँ गुलशन में

हज़ारों दिल दिए जोशे जुनूने इश्क़ ने मुझको
सियह[7] होकर सुवैदा हो गया, हर क़तरा ख़ूँ तन में

'असद' ज़िन्दानि-ए-तासीरे उल्फ़त हाए ख़ूबा[8] हूँ
ख़मे दस्ते नवाज़िश[9] हो गया है, तौक़[10] गर्दन में

---

1. रूपसी, 2. चित्र छवि, 3. अभ्रक, 4. रेतकण के समान, 5. भट्ठी, 6. घास, 7. काला पड़ जाना, 8. प्रेम-प्रभाव, 9. अनुकम्पित, आलिंगन, 10. फन्दा, फाँसी

(131)

चाहिए अच्छों को, जितना चाहिए
ये अगर चाहें, तो फिर क्या चाहिए

सोहबते रिन्दाँ[1] से वाजिब है हज़र[2]
जा-ए-मय[3] अपने को खेंचा चाहिए

चाहने को तेरे क्या समझा था दिल
बारे[4] अब इससे भी समझा चाहिए

चाक मत कर जैब[5] बेअय्यामे गुल[6]
कुछ उधर का भी इशारा चाहिए

दोस्ती का पर्दा है बेगानगी
मुँह छुपाना हमसे छोड़ा चाहिए

1. शराबियों का साथ, 2. बचना, 3. मदिरा स्थल, 4. एक बार, 5. कुर्ते का अग्रभाग, 6. बसन्त से पूर्व

(132)

दुश्मनी ने मेरी खोया ग़ैर को
किस क़दर दुश्मन है, देखा चाहिए

अपनी रुसवाई में क्या चलती है सई[1]
यार ही हंगामा आरा[2] चाहिए

मुनहसिर[3] मरने पे हो जिसकी उम्मीद
नाउमीदी उसकी देखा चाहिए

ग़ाफ़िल[4] इन मह तलअतों[5] के वास्ते
चाहने वाला भी अच्छा चाहिए

चाहते हैं ख़ूबरूओं[6] को 'असद'
आपकी सूरत तो देखा चाहिए

---

1. प्रयास, 2. झगड़ालू, 3. आधारित, 4. अनजाना, 5. चन्द्र दर्शन, 6. रूपवान

(133)

जौर[1] से बाज़ आए पर बाज़ आएँ क्या
कहते हैं हम तुझ को मुँह दिखलाएँ क्या

रात दिन गर्दिश में हैं सात आसमाँ
हो रहेगा कुछ न कुछ घबराएँ क्या

लाग हो तो उस को हम समझें लगाव
जब न हो कुछ भी तो धोका खाएँ क्या

हो लिए क्यूँ नामा-बर के साथ साथ
या रब अपने ख़त को हम पहुँचाएँ क्या

मौज-ए-ख़ूँ सर से गुज़र ही क्यूँ न जाए
आस्तान-ए-यार[2] से उठ जाएँ क्या

उम्र भर देखा किया मरने की राह
मर गए पर देखिए दिखलाएँ क्या

पूछते हैं वो कि 'ग़ालिब' कौन है
कोई बतलाओ कि हम बतलाएँ क्या

---

1. अत्याचार 2. प्यारी चौखट

(134)

दाइम1 पड़ा हुआ तिरे दर पर नहीं हूँ मैं
ख़ाक ऐसी ज़िंदगी पे कि पत्थर नहीं हूँ मैं

क्यूँ गर्दिश-ए-मुदाम2 से घबरा न जाए दिल
इंसान हूँ पियाला ओ साग़र नहीं हूँ मैं

या-रब ज़माना मुझ को मिटाता है किस लिए
लौह-ए-जहाँ पे हर्फ़-ए-मुकर्रर नहीं हूँ मैं

हद चाहिए सज़ा में उक़ूबत3 के वास्ते
आख़िर गुनाहगार हूँ काफ़र नहीं हूँ मैं

किस वास्ते अज़ीज़ नहीं जानते मुझे
लअ'ल4 ओ ज़मुर्रद ओ ज़र ओ गौहर नहीं हूँ मैं

रखते हो तुम क़दम मिरी आँखों से क्यूँ दरेग़
रुत्बे में महर-ओ-माह से कम-तर नहीं हूँ मैं

करते हो मुझ को मनअ-ए-क़दम-बोस किस लिए
क्या आसमान के भी बराबर नहीं हूँ मैं

'ग़ालिब' वज़ीफ़ा-ख़्वार हो दो शाह को दुआ
वो दिन गए कि कहते थे नौकर नहीं हूँ मैं

---

1. हमेशा 2. हमेशा से दुर्भाग्य 3. कष्ट 4. शायद

(135)

नहीं कि मुझ को क़यामत का ए'तिक़ाद[1] नहीं
शब-ए-फ़िराक़ से रोज़-ए-जज़ा ज़ियाद नहीं

कोई कहे कि शब-ए-मह में क्या बुराई है
बला से आज अगर दिन को अब्र[2] ओ बाद नहीं

जो आऊँ सामने उन के तो मर्हबा न कहें
जो जाऊँ वाँ से कहीं को तो ख़ैर-बाद नहीं

कभी जो याद भी आता हूँ मैं तो कहते हैं
कि आज बज़्म में कुछ फ़ित्ना-ओ-फ़साद नहीं

अलावा ईद के मिलती है और दिन भी शराब
गदा-ए-कूच-ए-मय-ख़ाना ना-मुराद नहीं

जहाँ में हो ग़म-ए-शादी बहम हमें क्या काम
दिया है हम को ख़ुदा ने वो दिल की शाद[3] नहीं

तुम उन के वा'दे का ज़िक्र उन से क्यूँ करो 'ग़ालिब'
ये क्या कि तुम कहो और वो कहें कि याद नहीं

1. यकीन 2.ताबीर कहना 3.खुश

(136)

हर एक बात पे कहते हो तुम कि तू क्या है
तुम्हीं कहो कि ये अंदाज़-ए-गुफ़्तुगू क्या है

न शो'ले में ये करिश्मा न बर्क़[1] में ये अदा
कोई बताओ कि वो शोख़-ए-तुंद-ख़ू क्या है

ये रश्क है कि वो होता है हम-सुख़न तुम से
वगर्ना ख़ौफ़-ए-बद-आमोज़ी-ए-अदू क्या है

चिपक रहा है बदन पर लहू से पैराहन[2]
हमारे जैब को अब हाजत-ए-रफ़ू क्या है

जला है जिस्म जहाँ दिल भी जल गया होगा
कुरेदते हो जो अब राख जुस्तुजू क्या है

रगों में दौड़ते फिरने के हम नहीं क़ाइल
जब आँख ही से न टपका तो फिर लहू क्या है

वो चीज़ जिस के लिए हम को हो बहिश्त[3] अज़ीज़
सिवाए बादा-ए-गुलफ़ाम-ए-मुश्क-बू क्या है

पियूँ शराब अगर ख़ुम भी देख लूँ दो-चार
ये शीशा ओ क़दह ओ कूज़ा[4] ओ सुबू क्या है

रही न ताक़त-ए-गुफ़्तार और अगर हो भी
तो किस उमीद पे कहिए कि आरज़ू क्या है

हुआ है शह का मुसाहिब फिरे है इतराता
वगर्ना शहर में 'ग़ालिब' की आबरू क्या है

---

1. बिजली 2.कुर्ता 3.स्वर्ग 4. मिट्टी का कटोरा

www.ingramcontent.com/pod-product-compliance
Lightning Source LLC
LaVergne TN
LVHW050037181026
850499LV00051B/2349
* 9 7 8 9 3 9 0 0 8 8 4 4 7 *